AMAZING
BRICK
MOSAICS

AMAZING
BRICK
MOSAICS

FANTASTIC PROJECTS TO BUILD WITH THE LEGO® BLOCKS YOU ALREADY HAVE

AMANDA BRACK

CASTLE POINT BOOKS

NEW YORK

AMAZING BRICK MOSAICS. Copyright © 2018 by St. Martin's Press.
All rights reserved.
Printed in the United States of America.
For information, address St. Martin's Press,
175 Fifth Avenue, New York, N.Y. 10010.

www.stmartins.com
www.castlepointbooks.com

The Castle Point Books trademark is owned by Castle Point Publications, LLC.
Castle Point books are published and distributed by St. Martin's Press.

Design by Katie Jennings Campbell

Special thanks to Marisa Bartlett

Inspiration for projects used by permission from Shutterstock.com

LEGO® is a trademark of the LEGO Group of companies which does not sponsor, authorize or endorse this publication.

ISBN 978-1-250-16361-5 (trade paperback)

Our books may be purchased in bulk for promotional, educational, or business use.
Please contact your local bookseller or the Macmillan Corporate and Premium Sales Department
at 1-800-221-7945, extension 5442, or by e-mail at MacmillanSpecialMarkets@macmillan.com.

First Edition: April 2018

10 9 8 7 6 5 4 3 2 1

CONTENTS

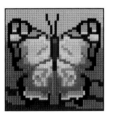

 PIZZA
90

 **ROCKET**
130

 PLANE
100

 **TIGER**
140

 **PUPPY**
110

 **TOUCAN**
150

 **ROBOT**
120

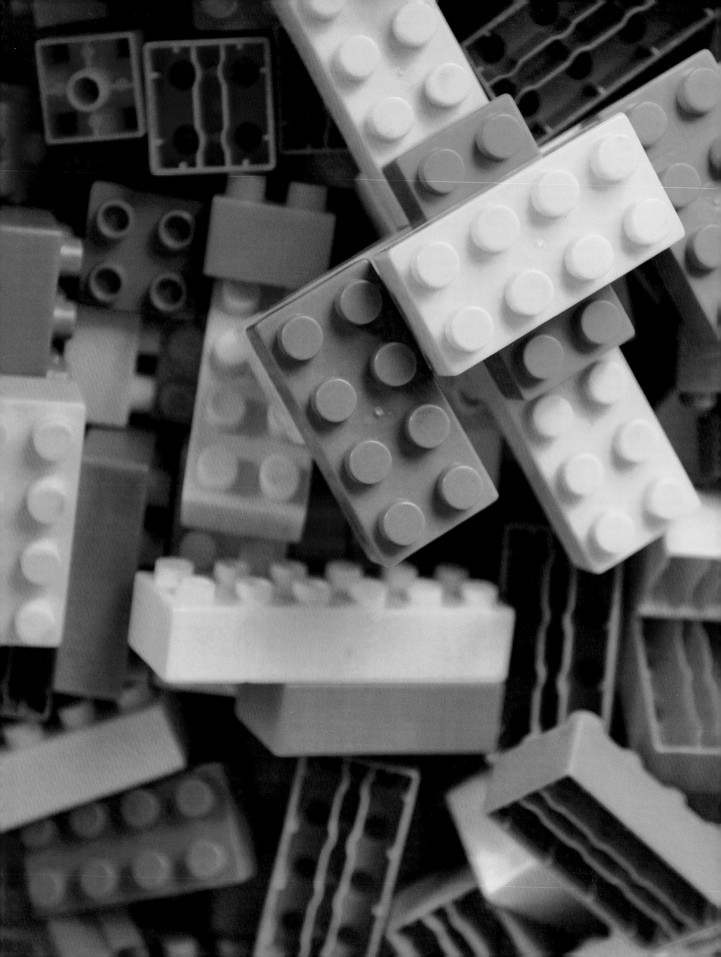

GET STARTED!

BUILD AWESOME LEGO BLOCK MOSAICS BRICK BY BRICK! Now you can build the coolest 2D LEGO brick projects with all the bricks you have around your house. For each project, there's a key that shows you exactly how many LEGO blocks you need in each color and shape. Gather those up before you start, and then you're ready to make a LEGO brick masterpiece! Use the project grids to follow along, doing one quadrant at a time. The project grids show you the LEGO block shape you need to use and where it goes to make it look exactly like the photo! They're labeled with codes to show you the color and size of the LEGO piece. A code like "G4" means that it's a Green LEGO piece that has four studs. If you don't have the right shade or color, don't sweat it! Try a different shade and make it all your own.

QUICK GUIDE TO BUILDING YOUR LEGO MOSAICS

YOU'LL NEED THESE THINGS:

- 2' x 2' LEGO brick board
- A ton of LEGO bricks!

MAKE YOUR MOSAIC:

- Gather the same LEGO blocks listed in the list of bricks
- Start with the first quadrant
- Start from the side or the corner
- Use the codes to select the correct LEGO piece for each spot
- Complete all four quadrants
- Build a masterpiece!

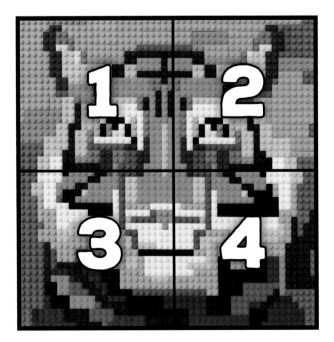

BURGER

FIRE UP THE GRILL! This burger seems big, but did you know that the largest burger in the whole world was made in Michigan, and it was 134 pounds?! Gather up all your pieces before you start. If cheese on your burger isn't your thing, then just switch those colors out for more brown to make the burger all your own. Build your char-broiled burger the very best way with the most colorful brick toppings!

SECTIONS

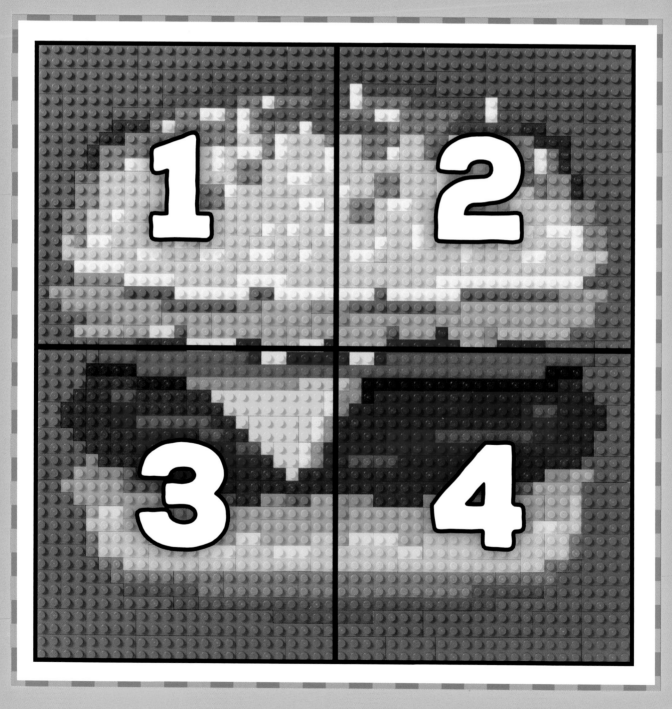

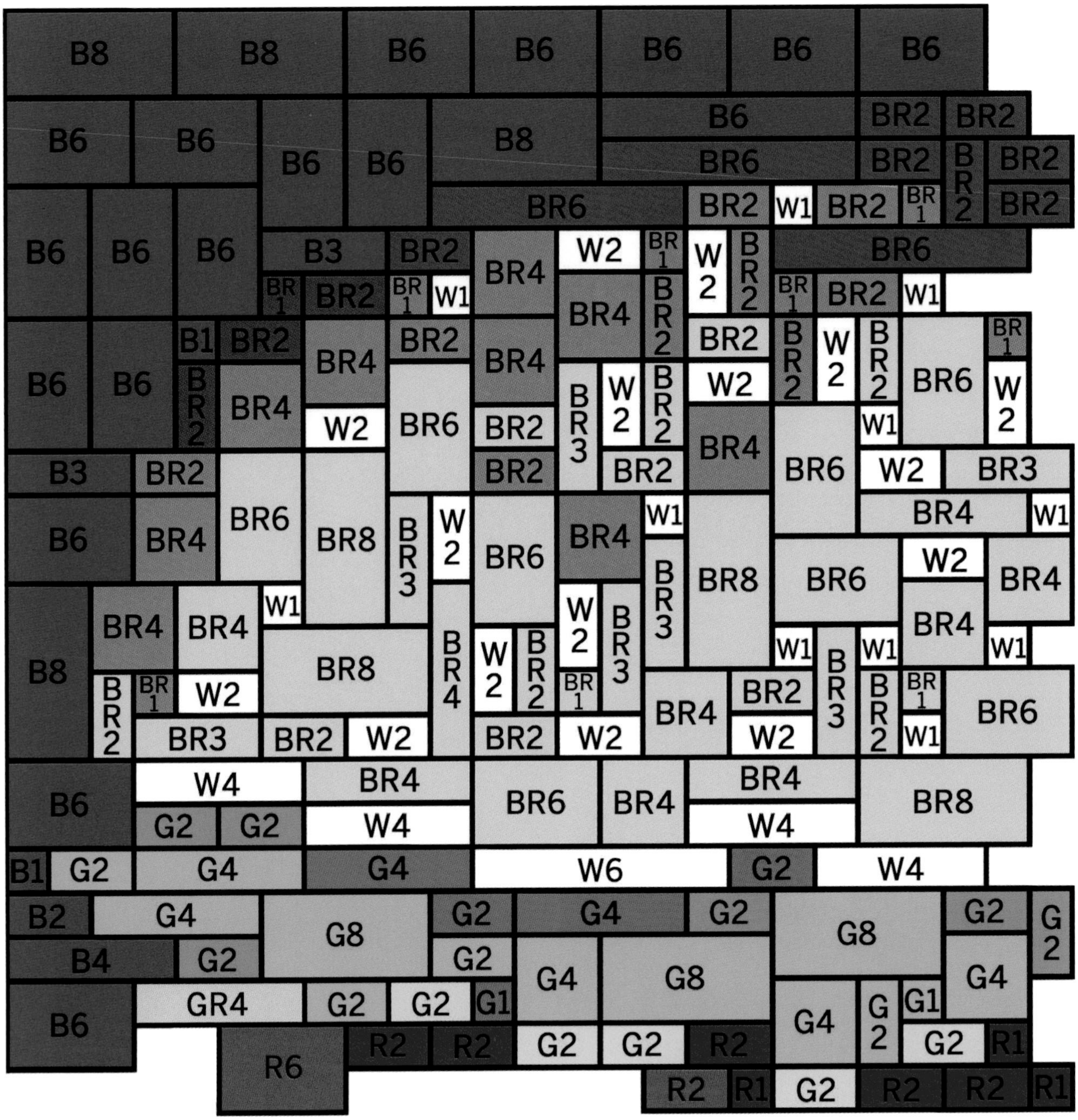

BURGER: SECTION 1

B1 x 2

B2 x 1

B3 x 2

B4 x 1

B6 x 17

B6 x 1

B8 x 4

BR1 x 1

BR2 x 3

BR1 x 2

BR2 x 11

BR3 x 7

BR4 x 5

BR4 x 4

BR6 x 8

BR8 x 4

BR1 x 5

BR2 x 9

BR4 x 7

BR2 x 7

BR6 x 3

BR1 x 1

BR4 x 2

G1 x 1

G2 x 4

G4 x 3

G4 x 2

G8 x 3

G2 x 6

G1 x 1

G2 x 2

G4 x 2

G2 x 5

GR4 x 1

R2 x 1

R6 x 1

R1 x 3

R2 x 5

W1 x 11

W2 x 16

W4 x 4

W6 x 1

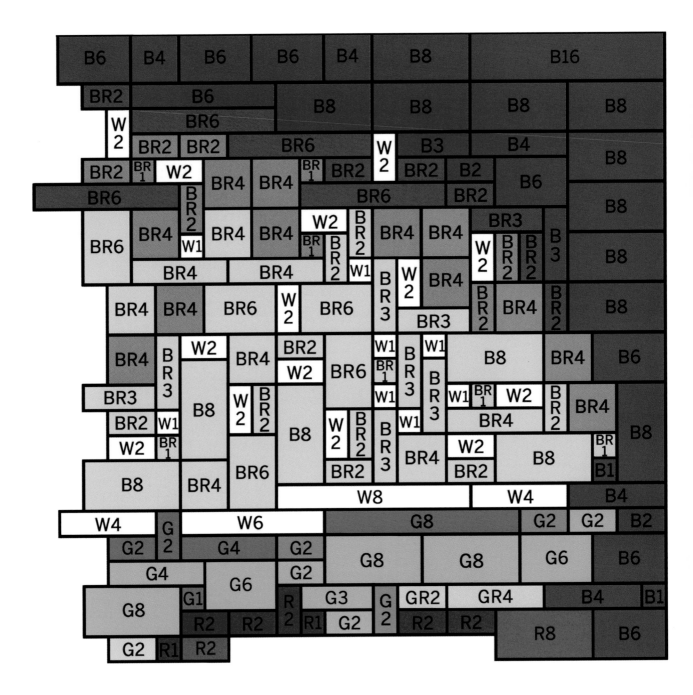

BURGER: SECTION 2

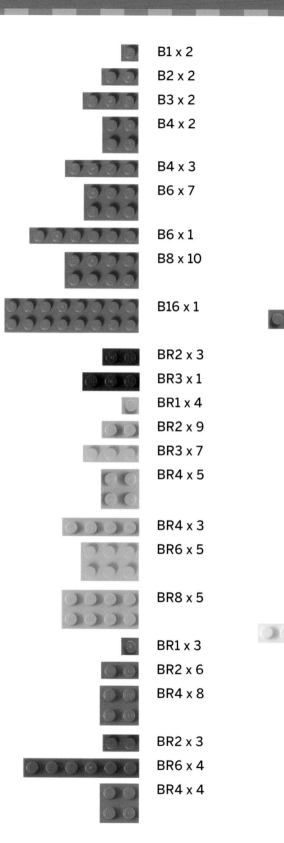

B1 x 2

B2 x 2

B3 x 2

B4 x 2

B4 x 3

B6 x 7

B6 x 1

B8 x 10

B16 x 1

BR2 x 3

BR3 x 1

BR1 x 4

BR2 x 9

BR3 x 7

BR4 x 5

BR4 x 3

BR6 x 5

BR8 x 5

BR1 x 3

BR2 x 6

BR4 x 8

BR2 x 3

BR6 x 4

BR4 x 4

G2 x 3

G3 x 1

G4 x 1

G6 x 2

G8 x 3

G2 x 3

G1 x 1

G2 x 2

G4 x 1

G8 x 1

G2 x 1

GR2 x 1

GR4 x 1

R2 x 1

R8 x 1

R1 x 2

R2 x 5

W1 x 8

W2 x 14

W4 x 2

W6 x 1

W8 x 1

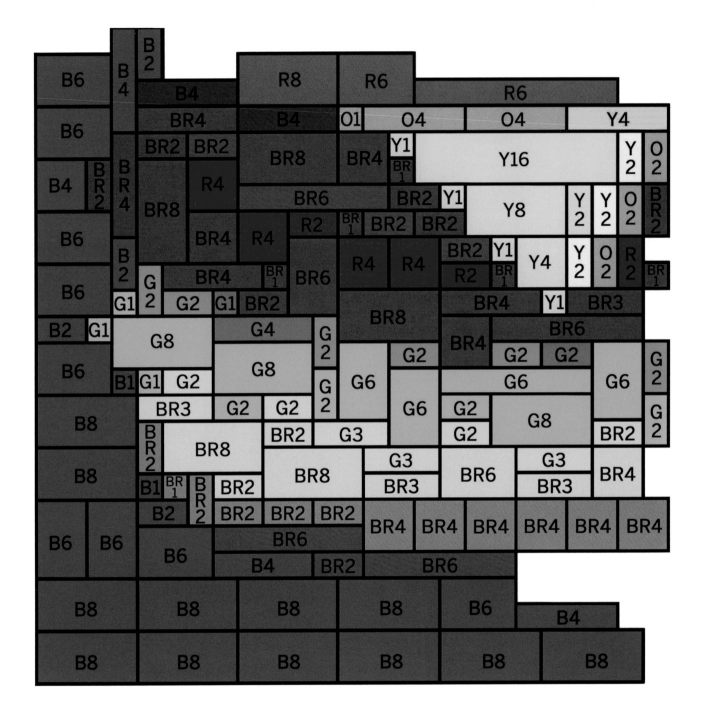

B4 x 2

B1 x 2

B2 x 4

B4 x 1

B4 x 3

B6 x 9

B8 x 12

BR1 x 5

BR2 x 6

BR3 x 1

BR4 x 3

BR4 x 4

BR6 x 1

BR6 x 1

BR8 x 3

BR2 x 3

BR3 x 3

BR4 x 1

BR6 x 1

BR8 x 2

BR1 x 1

BR2 x 5

BR4 x 6

BR2 x 4

BR6 x 3

G1 x 3

G2 x 4

G6 x 3

G6 x 1

G8 x 3

G2 x 6

G1 x 1

G2 x 1

G4 x 1

G2 x 3

G3 x 3

O1 x 1

O2 x 3

O4 x 2

R6 x 1

R6 x 1

R8 x 1

R2 x 3

R4 x 4

Y1 x 4

Y2 x 1

Y4 x 1

Y8 x 1

Y16 x 1

Y2 x 3

Y4 x 1

R6 R1 R6 R16 B2 B2 B8

O2 B2 B2 B4 B4 B4 B2 BR2

BR8 BR8 BR8 BR3 BR1 B3

BR4 R2 BR2 BR8 BR2 B4

BR8 BR4 R4 BR4

BR3 BR8 B6

R4 R4 R2 R1 R2 BR4 R2 BR1

R2 R2

BR2 BR2 BR8 BR8 BR8 BR3 B4

BR6 BR2 G2 G2 B3

BR8 BR3 G2 G2 G2 G4 B8

G2 G2 G8 G8 G4 BR2

G8 G4 G1 G2 G4 G2 BR2 B8

G6

G2 G2 BR4 BR12 BR2 BR4 BR2 B8

BR8 BR2 G2 BR4 BR2 BR1 B1

BR2 BR4 BR4 BR2 BR2 BR2 BR2

BR4 BR4 BR4 BR4 BR4 BR6 B2 B6 B8

BR8 BR8 BR2 B4

BR8 B8 B8 B8 B2 B8 B8

B4

B8 B8 B8 B8 B8 B8

BURGER: SECTION 4

B2 x 4

B4 x 3

B1 x 1

B2 x 2

B3 x 2

B4 x 1

B4 x 3

B6 x 2

B8 x 17

BR1 x 2

BR2 x 3

BR3 x 4

BR4 x 1

BR4 x 3

BR6 x 1

BR8 x 8

BR8 x 1

BR2 x 5

BR4 x 3

BR4 x 2

BR8 x 1

BR12 x 1

BR1 x 1

BR2 x 5

BR4 x 5

BR2 x 4

BR6 x 1

BR8 x 4

G1 x 1

G2 x 1

G4 x 2

G4 x 2

G6 x 1

G8 x 3

G2 x 5

G2 x 1

G2 x 5

O2 x 1

R1 x 1

R6 x 1

R6 x 1

R16 x 1

R1 x 1

R2 x 6

R4 x 3

BUTTERFLY

FLUTTER INTO THIS PROJECT LIKE A BEAUTIFUL BUTTERFLY! There are more than 750 species of butterflies in the world, which means there are countless unique colors and patterns that can be found on all of them. If you don't have all the colors shown here, that's okay. Swap in your own vibrant colors to make this insect fly!

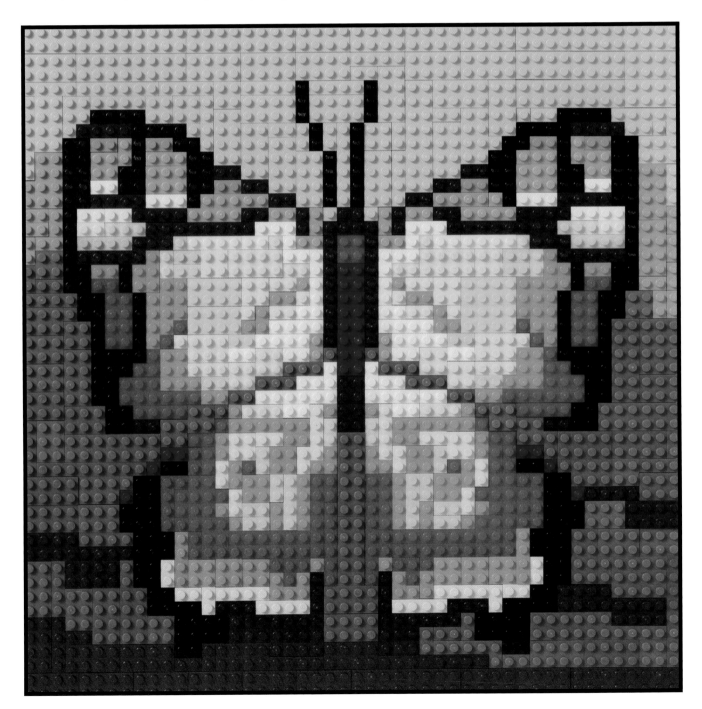

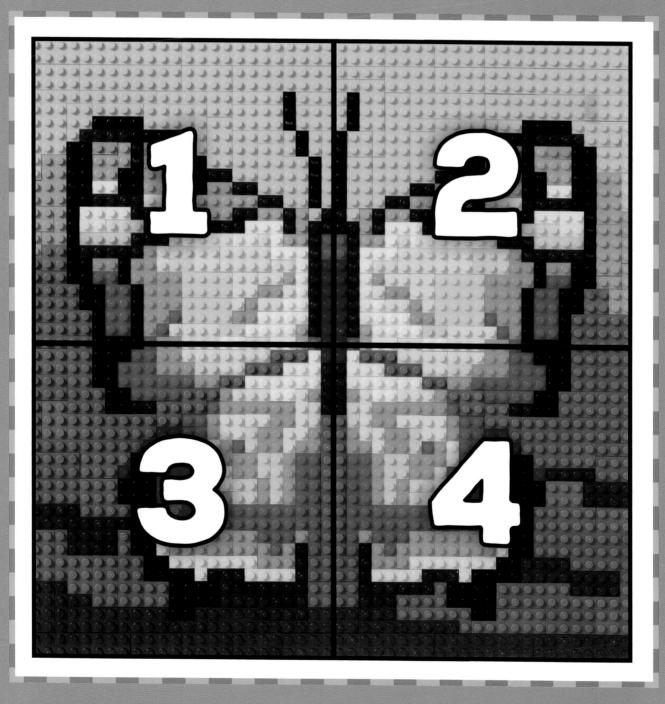

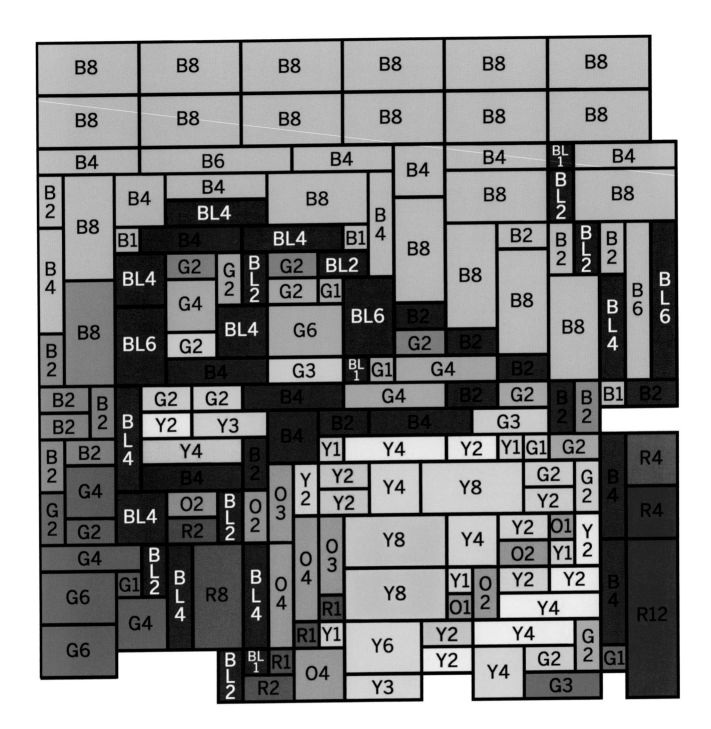

BUTTERFLY: SECTION 1

B2 x 8

B4 x 1

B4 x 7

B2 x 7

B8 x 1

B1 x 3

B2 x 4

B4 x 2

B4 x 7

B6 x 2

B8 x 20

BL1 x 3

BL2 x 7

BL4 x 3

BL4 x 6

BL6 x 2

BL6 x 1

G1 x 2

G2 x 5

G4 x 1

G4 x2

G6 x 1

G2 x 3

G1 x 2

G2 x 2

G3 x 1

G4 x 2

G4 x 1

G6 x 2

G1 x 1

G2 x 6

G3 x 2

O1 x 2

O2 x 4

O3 x 2

O4 x 1

O4 x 2

R1 x 3

R2 x 2

R4 x 1

R8 x 1

R4 x 1

R12 x 1

Y1 x 5

Y2 x 4

Y3 x 2

Y4 x 3

Y6 x 1

Y8 x 1

Y2 x 5

Y4 x 3

Y2 x 3

Y4 x 1

Y8 x 2

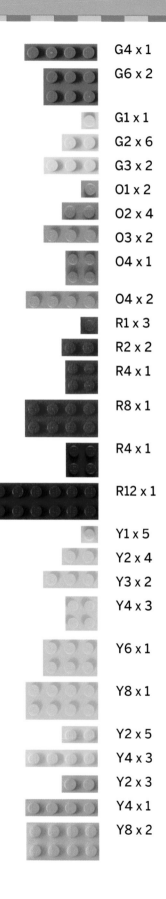

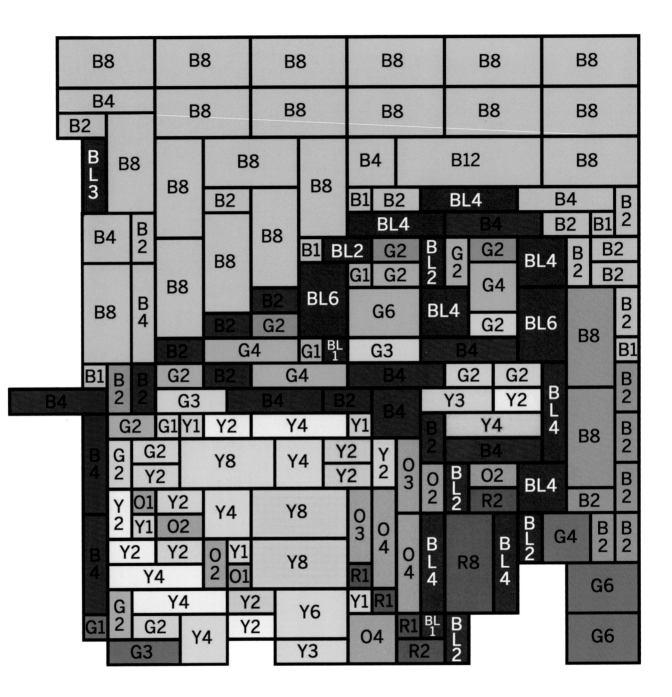

BUTTERFLY: SECTION 2

B2 x 7

B4 x 1

B4 x 8

B2 x 7

B8 x 2

B1 x 5

B2 x 10

B4 x 2

B4 x 3

B8 x 20

B12 x 1

BL1 x 2

BL2 x 5

BL3 x 1

BL4 x 3

BL4 x 5

BL6 x 2

G1 x 2

G2 x 5

G4 x 1

G4 x2

G6 x 1

G2 x 3

G1 x 1

G3 x 1

G4 x 1

G6 x 2

G1 x 1

G2 x 6

G3 x 2

O1 x 2

O2 x 4

O3 x 2

O4 x 1

O4 x 2

R1 x 3

R2 x 2

R8 x 1

Y1 x 5

Y2 x 4

Y3 x 2

Y4 x 3

Y6 x 1

Y8 x 1

Y2 x 5

Y4 x 3

Y2 x 3

Y4 x 1

Y8 x 2

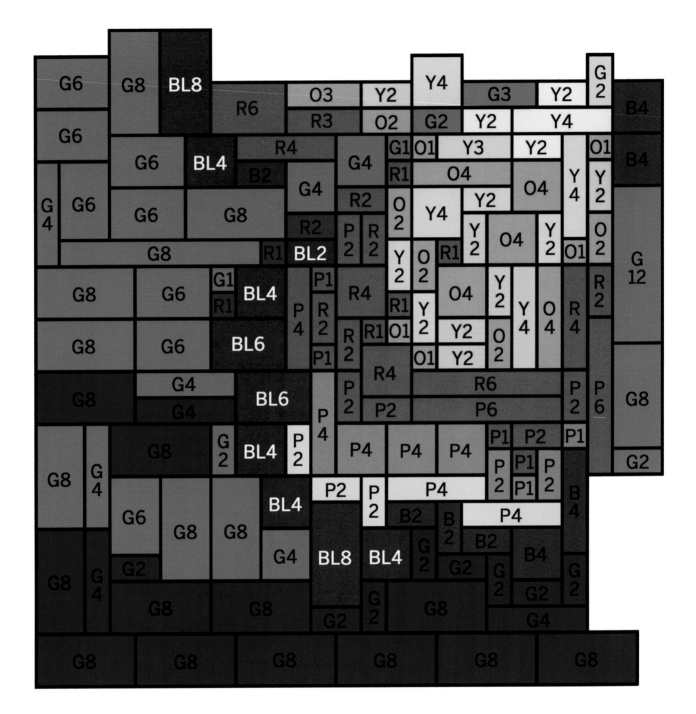

BUTTERFLY: SECTION 3

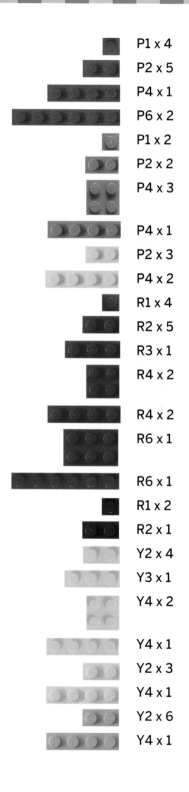

B2 x 4

B4 x 3

B4 x 1

BL2 x 1

BL4 x 5

BL6 x 2

BL8 x 2

G1 x 2

G2 x 3

G3 x 1

G4 x 3

G4 x 3

G6 x 8

G8 x 8

G8 x 1

G12 x 1

G2 x 8

G4 x 3

G8 x 12

G2 x 1

O1 x 5

O2 x 5

O3 x 1

O4 x 3

O4 x 2

P1 x 4

P2 x 5

P4 x 1

P6 x 2

P1 x 2

P2 x 2

P4 x 3

P4 x 1

P2 x 3

P4 x 2

R1 x 4

R2 x 5

R3 x 1

R4 x 2

R4 x 2

R6 x 1

R6 x 1

R1 x 2

R2 x 1

Y2 x 4

Y3 x 1

Y4 x 2

Y4 x 1

Y2 x 3

Y4 x 1

Y2 x 6

Y4 x 1

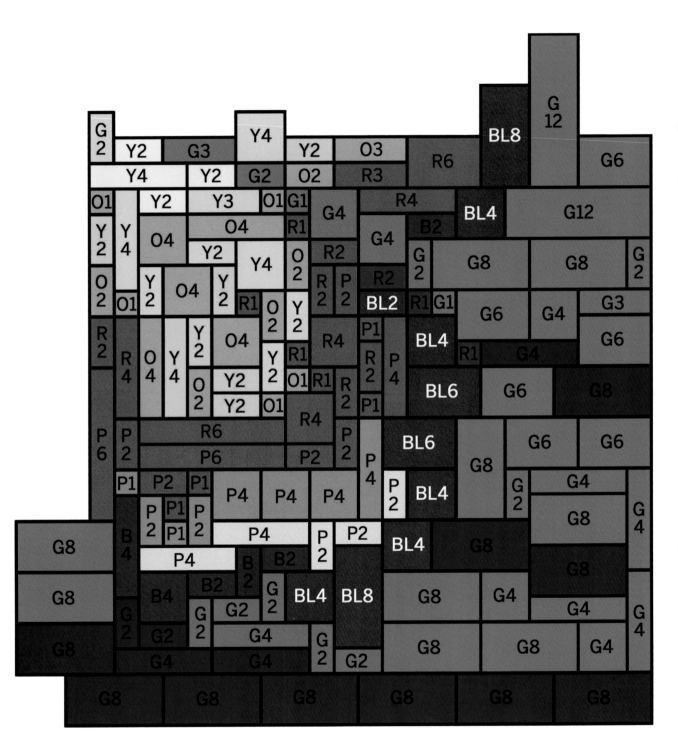

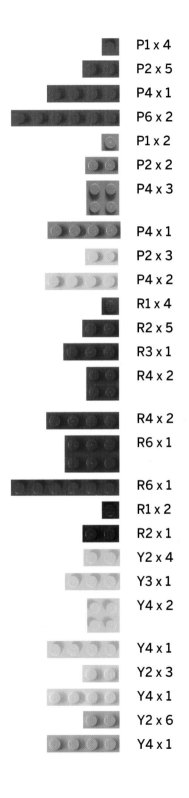

B2 x 4

B4 x 1

B4 x 1

BL2 x 1

BL4 x 5

BL6 x 2

BL8 x 2

G1 x 2

G2 x 9

G3 x 2

G4 x 5

G4 x 5

G6 x 6

G8 x 9

G12 x 2

G2 x 2

G4 x 3

G8 x 10

G2 x 1

O1 x 5

O2 x 5

O3 x 1

O4 x 3

O4 x 2

P1 x 4

P2 x 5

P4 x 1

P6 x 2

P1 x 2

P2 x 2

P4 x 3

P4 x 1

P2 x 3

P4 x 2

R1 x 4

R2 x 5

R3 x 1

R4 x 2

R4 x 2

R6 x 1

R6 x 1

R1 x 2

R2 x 1

Y2 x 4

Y3 x 1

Y4 x 2

Y4 x 1

Y2 x 3

Y4 x 1

Y2 x 6

Y4 x 1

FISH

JUST KEEP SWIMMING through this colorful world of sea life. Clownfish, like the one in this project, are found naturally in many parts of the world—from Northern Australia and Southeast Asia all the way to Japan. Want to know an insider secret? Clownfish take shelter in sea anemones, which can be many different colors (even purple!). Swap out the green in this project for a different color. Let your new fancy fish guide you one brick at a time.

SECTIONS

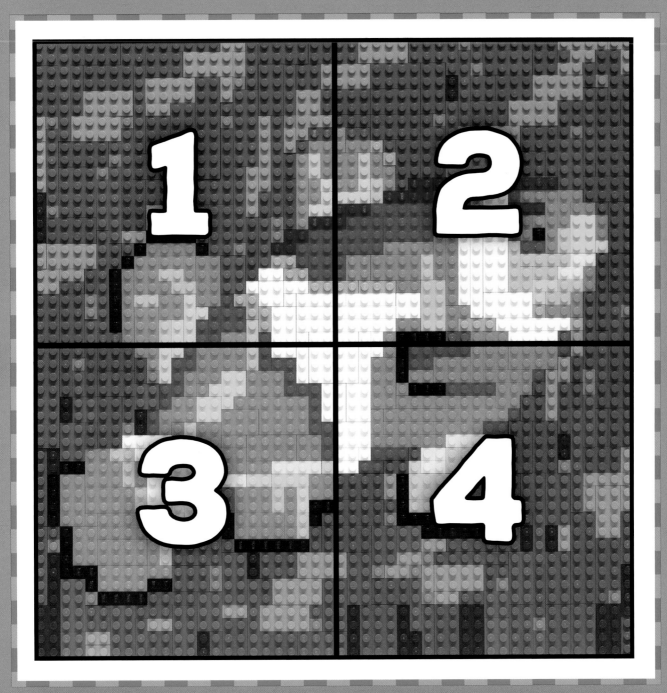

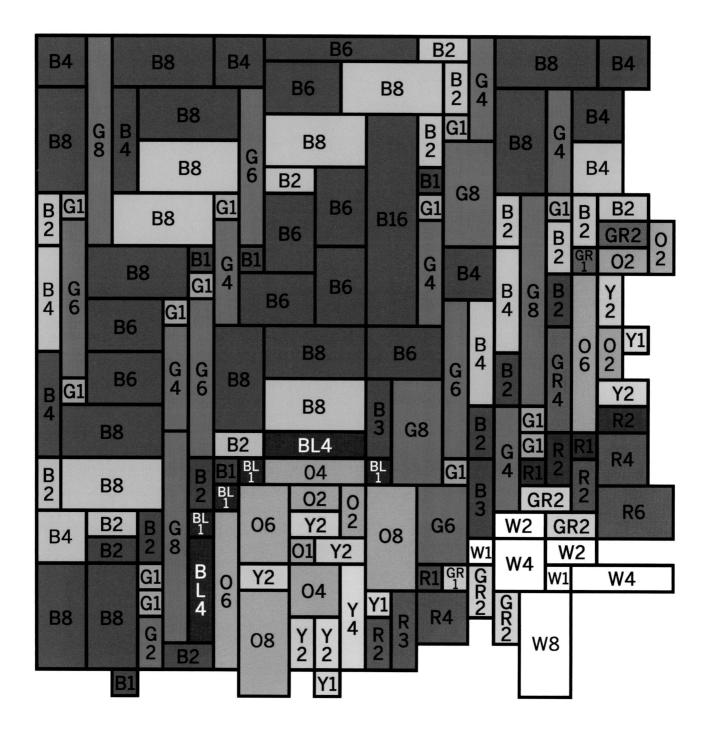

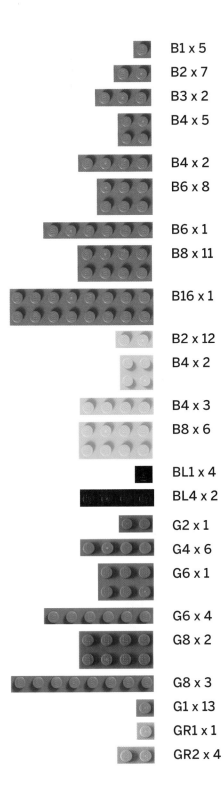

B1 x 5

B2 x 7

B3 x 2

B4 x 5

B4 x 2

B6 x 8

B6 x 1

B8 x 11

B16 x 1

B2 x 12

B4 x 2

B4 x 3

B8 x 6

BL1 x 4

BL4 x 2

G2 x 1

G4 x 6

G6 x 1

G6 x 4

G8 x 2

G8 x 3

G1 x 13

GR1 x 1

GR2 x 4

GR1 x 1

GR2 x 1

GR4 x 1

O1 x 1

O2 x 5

O4 x 1

O4 x 1

O6 x 1

O6 x 2

O8 x 2

R1 x 1

R2 x 2

R3 x 1

R4 x 2

R6 x 1

R1 x 2

R2 x 2

W1 x 2

W2 x 2

W4 x 1

W4 x 1

W8 x 1

Y1 x 3

Y2 x 2

Y4 x 1

Y2 x 5

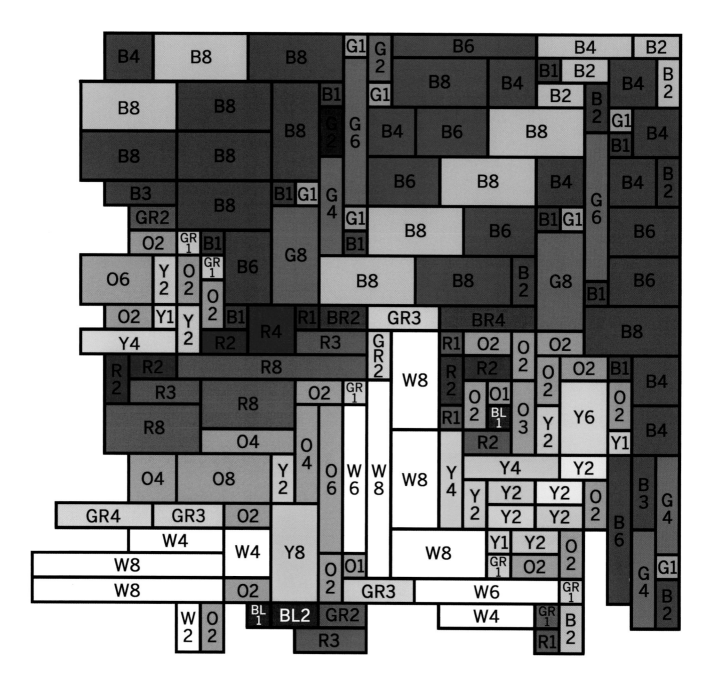

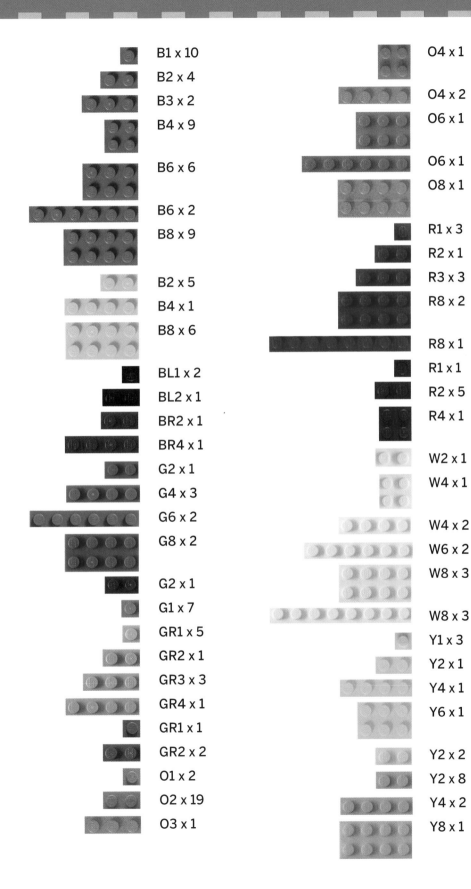

B1 x 10

B2 x 4

B3 x 2

B4 x 9

B6 x 6

B6 x 2

B8 x 9

B2 x 5

B4 x 1

B8 x 6

BL1 x 2

BL2 x 1

BR2 x 1

BR4 x 1

G2 x 1

G4 x 3

G6 x 2

G8 x 2

G2 x 1

G1 x 7

GR1 x 5

GR2 x 1

GR3 x 3

GR4 x 1

GR1 x 1

GR2 x 2

O1 x 2

O2 x 19

O3 x 1

O4 x 1

O4 x 2

O6 x 1

O6 x 1

O8 x 1

R1 x 3

R2 x 1

R3 x 3

R8 x 2

R8 x 1

R1 x 1

R2 x 5

R4 x 1

W2 x 1

W4 x 1

W4 x 2

W6 x 2

W8 x 3

W8 x 3

Y1 x 3

Y2 x 1

Y4 x 1

Y6 x 1

Y2 x 2

Y2 x 8

Y4 x 2

Y8 x 1

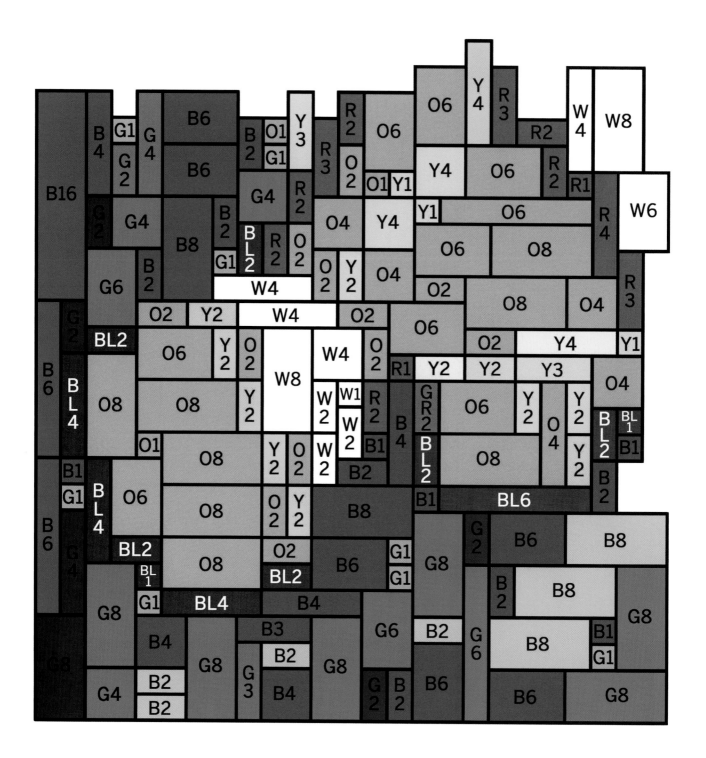

FISH: SECTION 3

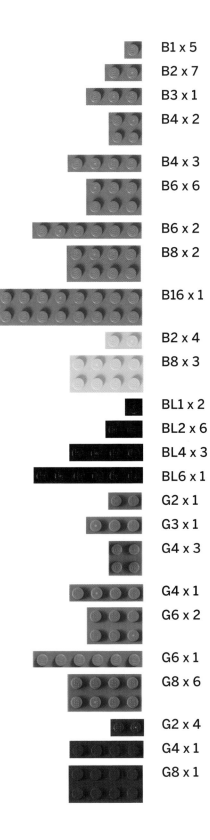

B1 x 5

B2 x 7

B3 x 1

B4 x 2

B4 x 3

B6 x 6

B6 x 2

B8 x 2

B16 x 1

B2 x 4

B8 x 3

BL1 x 2

BL2 x 6

BL4 x 3

BL6 x 1

G2 x 1

G3 x 1

G4 x 3

G4 x 1

G6 x 2

G6 x 1

G8 x 6

G2 x 4

G4 x 1

G8 x 1

G1 x 8

GR2 x 1

O1 x 3

O2 x 12

O4 x 4

O4 x 1

O6 x 8

O6 x 1

O8 x 8

R1 x 2

R2 x 6

R3 x 3

R4 x 1

W1 x 1

W2 x 3

W4 x 1

W4 x 3

W6 x 1

W8 x 2

Y1 x 3

Y2 x 4

Y3 x 2

Y4 x 2

Y2 x 1

Y4 x 1

Y2 x 6

Y4 x 1

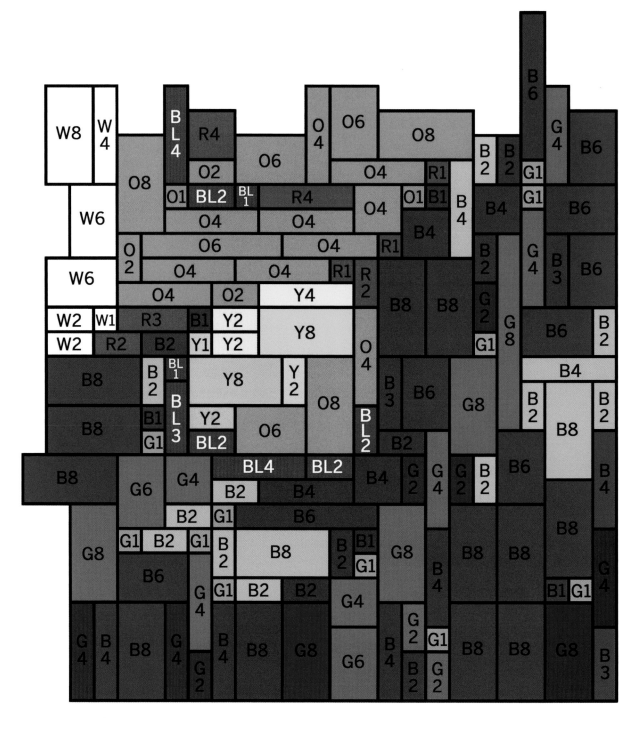

FISH: SECTION 4

BRICKS NEEDED FOR SECTION 4

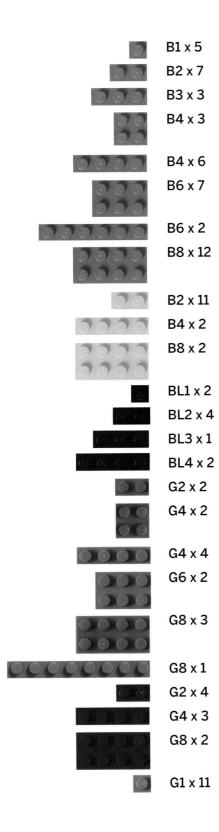

B1 x 5
B2 x 7
B3 x 3
B4 x 3

B4 x 6
B6 x 7

B6 x 2
B8 x 12

B2 x 11
B4 x 2
B8 x 2

BL1 x 2
BL2 x 4
BL3 x 1
BL4 x 2
G2 x 2
G4 x 2

G4 x 4
G6 x 2

G8 x 3

G8 x 1
G2 x 4
G4 x 3
G8 x 2

G1 x 11

O1 x 2
O2 x 3
O4 x 1

O4 x 9
O6 x 3

O6 x 1
O8 x 3

R1 x 3
R2 x 2
R3 x 1
R4 x 1
R4 x 1

W1 x 1
W2 x 2
W4 x 1
W6 x 2

W8 x 1

Y1 x 1
Y2 x 1
Y8 x 1

Y2 x 2
Y4 x 1
Y2 x 1
Y8 x 1

FROG

HOP ALONG WITH THIS AMIABLE AMPHIBIAN. Check out these fun facts! Frogs don't need to drink water like humans. They absorb it through their skin. They can be as tiny as a fingernail, or as big as a cat! Sort out all the bricks you'll need before you get hopping. Electric lime and bright orange colors make this frog a fast friend. Once you've mastered this frog, try on your own with colors from your favorite species.

SECTIONS

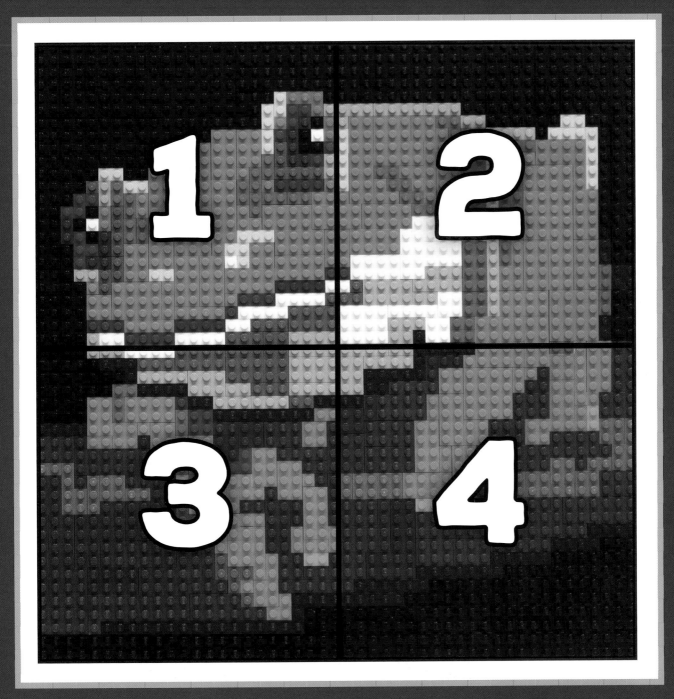

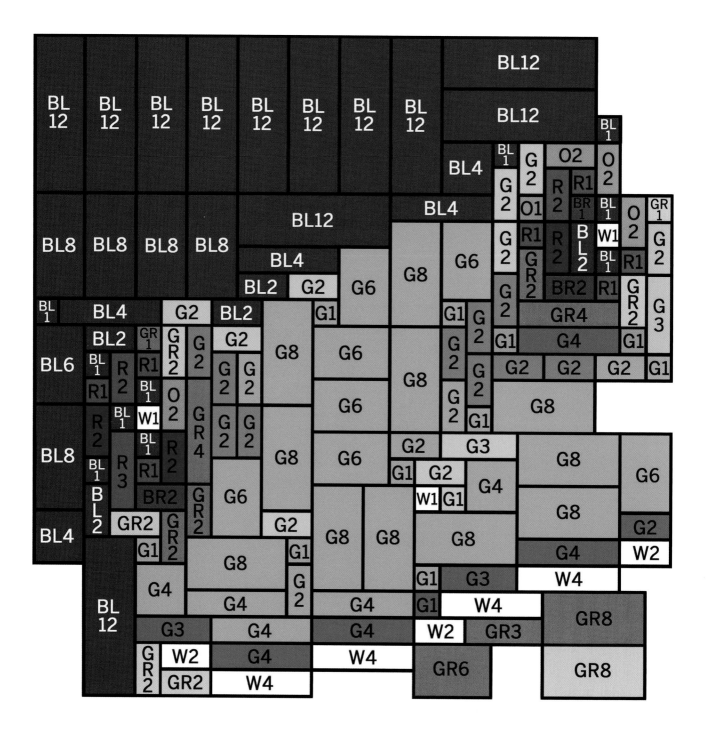

FROG: SECTION 1

BL1 x 10

BL2 x 5

BL4 x 2

BL4 x 3

BL6 x 1

BL8 x 5

BL12 x 12

BR1 x 1

BR2 x 2

G1 x 8

G2 x 5

G4 x 2

G4 x 3

G6 x 7

G8 x 11

G2 x 10

G1 x 1

G2 x 1

G3 x 2

G4 x 4

G1 x 2

G1 x 1

G2 x 9

G3 x 2

GR1 x 1

GR2 x 5

GR8 x 1

GR1 x 1

GR2 x 3

GR3 x 1

GR4 x 2

GR6 x 1

GR8 x 1

O1 x 1

O2 x 4

R1 x 7

R2 x 2

R3 x 1

R2 x 3

W1 x 3

W2 x 3

W4 x 4

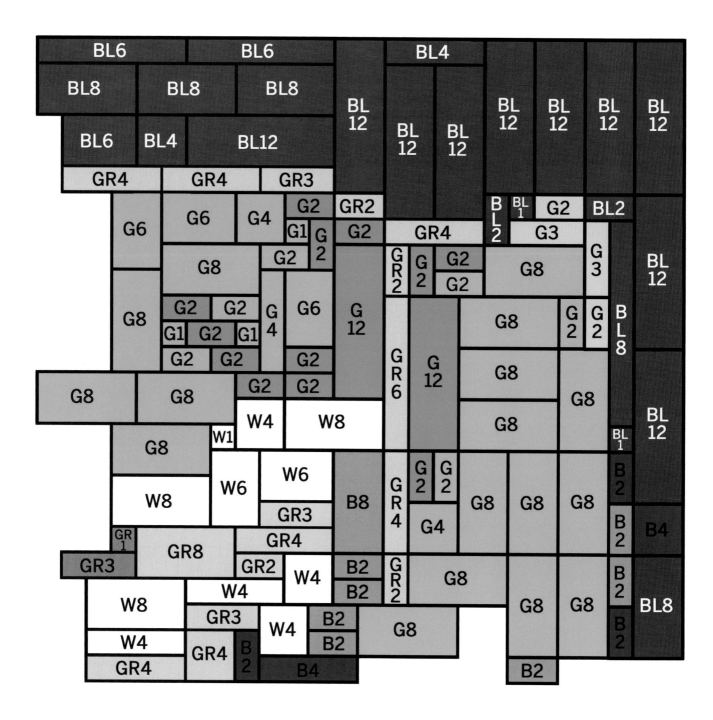

FROG: SECTION 2

B2 x 3

B4 x 1

B4 x 1

B2 x 7

B8 x 1

BL1 x 2

BL2 x 2

BL4 x 1

BL4 x 1

BL6 x 1

BL6 x 2

BL8 x 4

BL8 x 1

BL12 x 10

G1 x 3

G2 x 6

G4 x 2

G4 x 1

G6 x 3

G8 x 17

G2 x 12

G12 x 2

G2 x 2

G3 x 2

GR2 x 4

GR3 x 3

GR4 x 1

GR4 x 6

GR6 x 1

GR8 x 1

GR1 x 1

GR3 x 1

W1 x 1

W4 x 3

W4 x 2

W6 x 2

W8 x 3

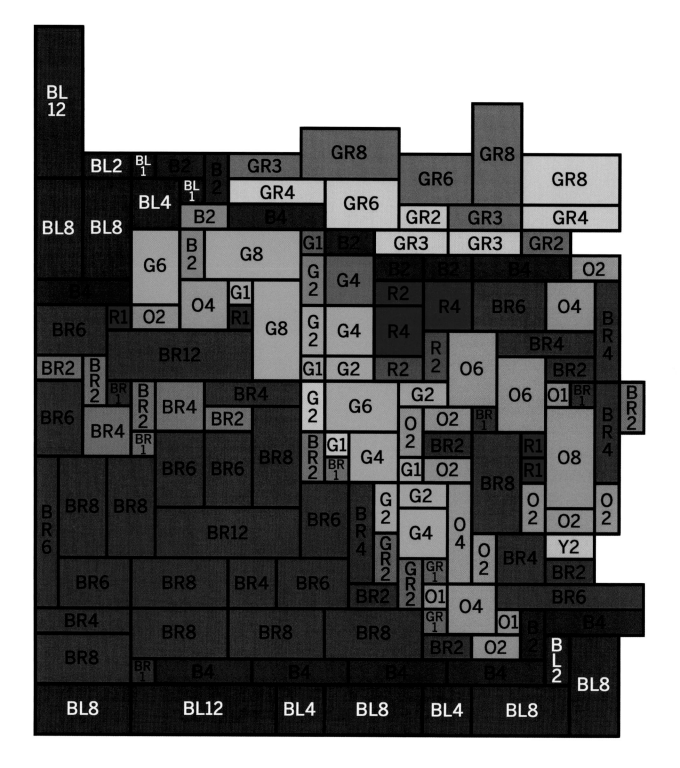

FROG: SECTION 3

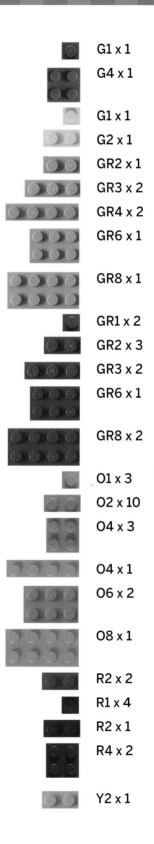

B2 x 6

B4 x 8

B2 x 2

BL1 x 2

BL2 x 2

BL4 x 3

BL8 x 6

BL12 x 2

BR1 x 4

BR2 x 5

BR4 x 2

BR4 x 6

BR6 x 8

BR6 x 2

BR8 x 9

BR12 x 2

BR1 x 2

BR2 x 6

BR4 x 2

G1 x 3

G2 x 5

G4 x 3

G6 x 2

G8 x 2

G2 x 1

G1 x 1

G4 x 1

G1 x 1

G2 x 1

GR2 x 1

GR3 x 2

GR4 x 2

GR6 x 1

GR8 x 1

GR1 x 2

GR2 x 3

GR3 x 2

GR6 x 1

GR8 x 2

O1 x 3

O2 x 10

O4 x 3

O4 x 1

O6 x 2

O8 x 1

R2 x 2

R1 x 4

R2 x 1

R4 x 2

Y2 x 1

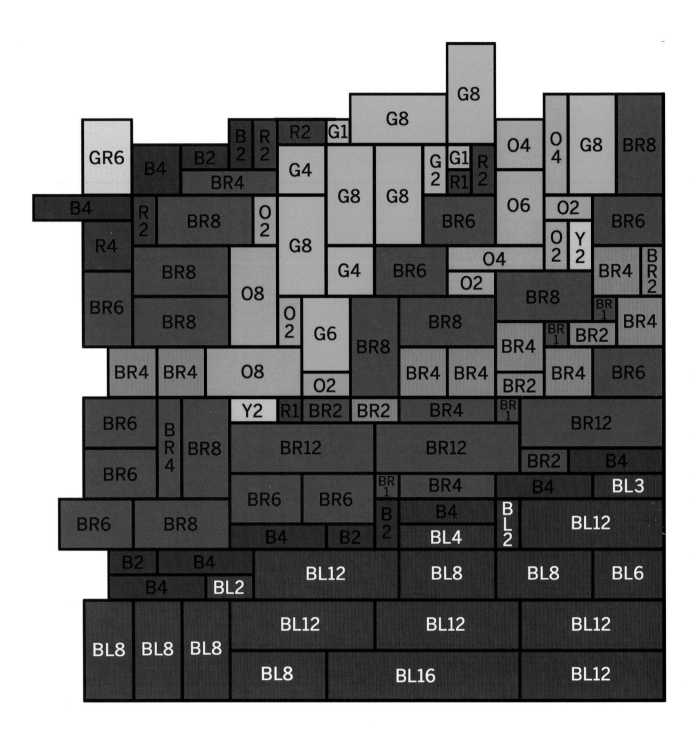

FROG: SECTION 4

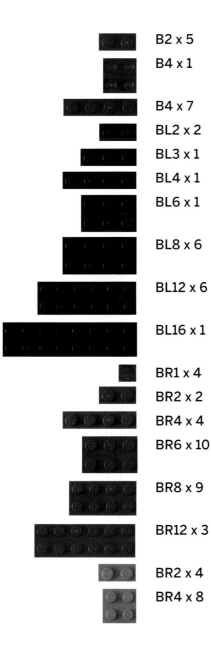

B2 x 5
B4 x 1
B4 x 7
BL2 x 2
BL3 x 1
BL4 x 1
BL6 x 1
BL8 x 6
BL12 x 6
BL16 x 1
BR1 x 4
BR2 x 2
BR4 x 4
BR6 x 10
BR8 x 9
BR12 x 3
BR2 x 4
BR4 x 8

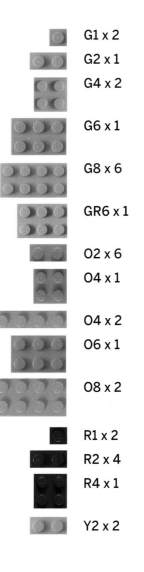

G1 x 2
G2 x 1
G4 x 2
G6 x 1
G8 x 6
GR6 x 1
O2 x 6
O4 x 1
O4 x 2
O6 x 1
O8 x 2
R1 x 2
R2 x 4
R4 x 1
Y2 x 2

GIRAFFE

STRETCH YOUR BRICK-BUILDING ABILITIES with a safari animal. Most giraffes' legs are taller than most humans, but did you know that giraffes' necks can't reach the ground? That's why the leaves from tall trees are the perfect food, with all the water and nutrients they need. Special tip: the dark blues in this project are for shading. You can use black, dark gray, or dark brown for these areas, too.

SECTIONS

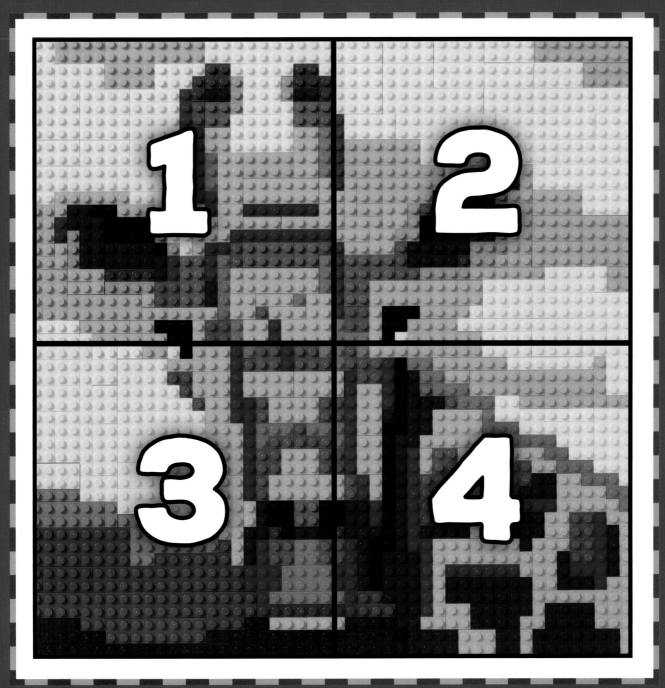

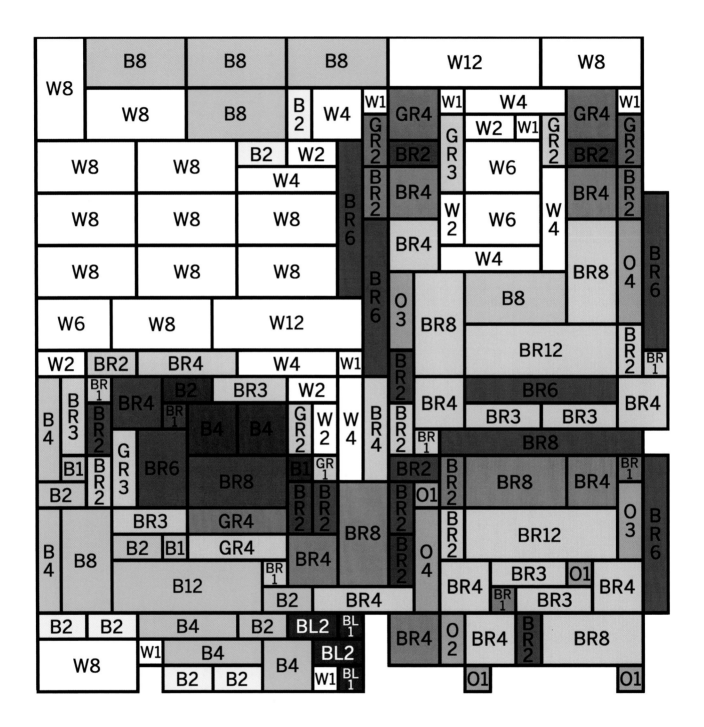

GIRAFFE: SECTION 1

B1 x 1

B2 x 1

B4 x 2

B1 x 2

B2 x 4

B4 x 1

B4 x 4

B8 x 6

B12 x 1

B2 x 6

BL1 x 2

BL2 x 2

BR1 x 1

BR2 x 4

BR4 x 1

BR6 x 1

BR8 x 1

BR1 x 4

BR2 x 5

BR3 x 7

BR4 x 6

BR4 x 3

BR8 x 3

BR12 x 2

BR1 x 2

BR2 x 3

BR4 x 2

BR2 x 6

BR6 x 5

BR8 x 1

BR4 x 3

BR8 x 2

GR1 x 1

GR2 x 2

GR3 x 2

GR4 x 1

GR2 x 2

GR4 x 2

GR4 x 1

O1 x 4

O2 x 1

O3 x 2

O4 x 2

W1 x 7

W2 x 6

W4 x 1

W4 x 6

W6 x 3

W8 x 13

W12 x 2

W8 W8 W8 W8 B8 B8

W8 W8 W8 W8 W8 B8

W8 W8 W8 W8 W8 W8

W8 W8 W8 W8 W8 W6

B8 B4 W8 W2 W8 W4

BR3 W2 W6 W1

B4 B4 W1 BR3 GR4 BR3 W8 W8

BR2 BR3 B8 BR6 GR3 B8 W8

BR3 B4 GR4 BR1 GR3 BR4 B8

B2 GR2 BR1 B4 GR2 B4 B8 B8

BR2 B1 B4 BR2 BR6 GR4 B8 B8

BR3 GR2 BR6 GR4 GR2

BR2 BR4 BR1 BR4 BR2 B2 B1

BR4 BR2 BR1 GR4 B2 B4 W8 W2 B4

BR8 BR1 W4 W1

BR6 B8 B4 W8 W8 W8

BR4 BL1 BL2 B4 W1 W6 W6

BR3 BL2 B8 W4

O2 BL1 W1 B4 W8 W8 W4

O1 BR3 B4

B1 x 1

B2 x 2

B4 x 1

B1 x 3

B2 x 3

B4 x 6

B4 x 6

B8 x 12

BL1 x 2

BL2 x 2

BR1 x 1

BR2 x 2

BR4 x 1

BR6 x 2

BR2 x 3

BR3 x 7

BR4 x 1

BR4 x 1

BR6 x 1

BR1 x 3

BR2 x 1

BR4 x 1

BR4 x 1

BR8 x 1

GR2 x 3

GR3 x 1

GR4 x 1

GR4 x 1

GR1 x 1

GR4 x 2

O1 x 1

O2 x 1

W1 x 5

W2 x 3

W4 x 2

W4 x 2

W6 x 1

W6 x 3

W8 x 30

W8 x 1

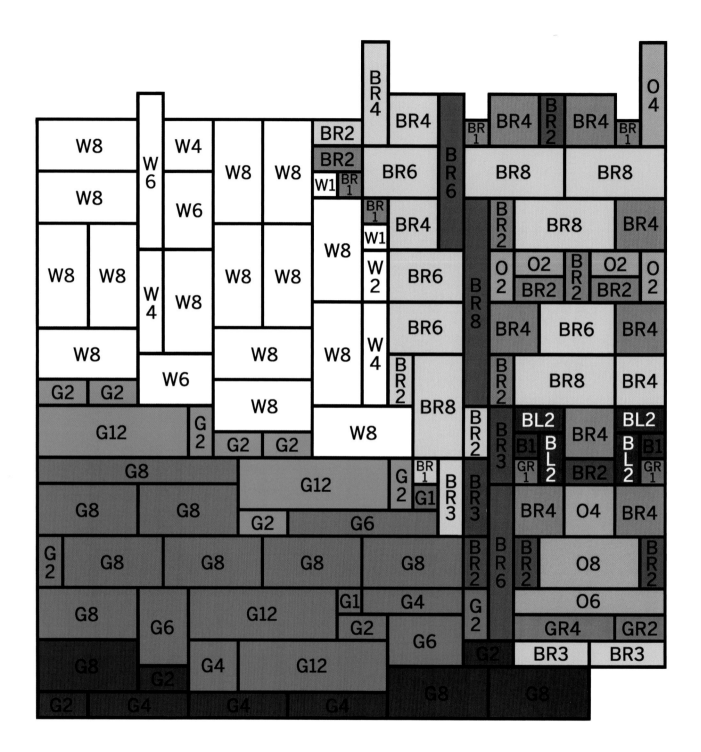

GIRAFFE: SECTION 3

B1 x 2
BL2 x 4
BR2 x 1
BR3 x 2
BR1 x 1
BR2 x 3
BR3 x 3
BR4 x 3

BR4 x 1
BR6 x 4

BR8 x 5

BR1 x 4
BR2 x 6
BR4 x 7

BR2 x 4
BR6 x 2
BR8 x 1
BR4 x 1

G2 x 7
G12 x 2

G1 x 2
G2 x 3
G4 x 1

G4 x 1
G6 x 2

G6 x 1
G8 x 7

G8 x 1
G12 x 2

G2 x 3
G4 x 3
G8 x 3

GR1 x 2
GR2 x 1
GR4 x 1
O2 x 4
O4 x 1

O4 x 1
O6 x 1
O8 x 1

W1 x 2
W2 x 1
W4 x 1

W4 x 2
W6 x 2

W6 x 1
W8 x 15

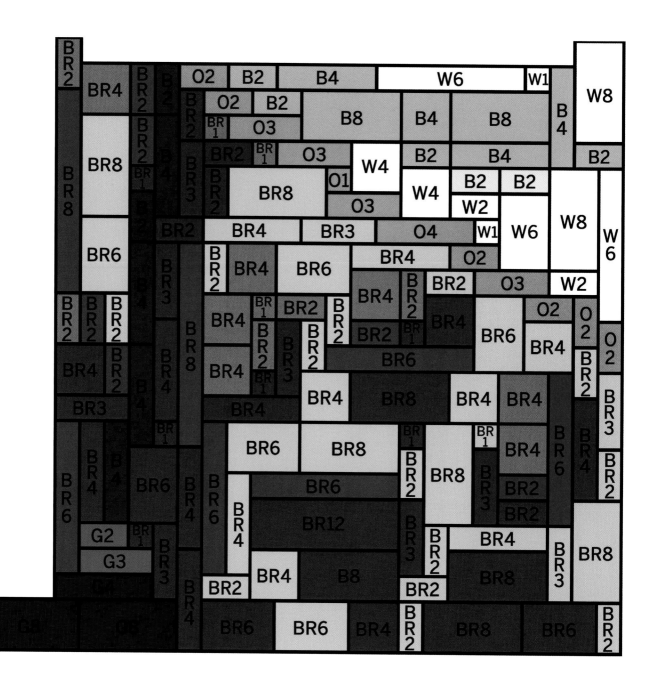

58

B2 x 2

B4 x 4

B2 x 4

B4 x 1

B4 x 3

B8 x 2

B2 x 2

BR1 x 6

BR2 x 5

BR3 x 7

BR4 x 3

BR4 x 6

BR6 x 3

BR8 x 4

BR12 x 1

BR1 x 1

BR2 x 13

BR3 x 3

BR4 x 4

BR4 x 4

BR6 x 5

BR8 x 5

BR1 x 2

BR2 x 5

BR4 x 7

BR2 x 6

BR6 x 5

BR8 x 2

BR1 x 1

G2 x 1

G3 x 1

G4 x 1

G8 x 2

O1 x 1

O2 x 6

O3 x 4

O4 x 1

W1 x 2

W2 x 2

W4 x 2

W6 x 1

W6 x 2

W8 x 2

HOT AIR BALLOONS

SOAR INTO THE SKY as high as a bird. This fun mode of transportation is older than cars, planes, and trains. The very first hot air balloon took off in Paris, France, in 1783! The best part of this project is that you can follow the grid to make these super bright balloons, or you can make your very own patterns! So long as you use the same shape of the balloons and the baskets, you can make them unique with different shapes and colors.

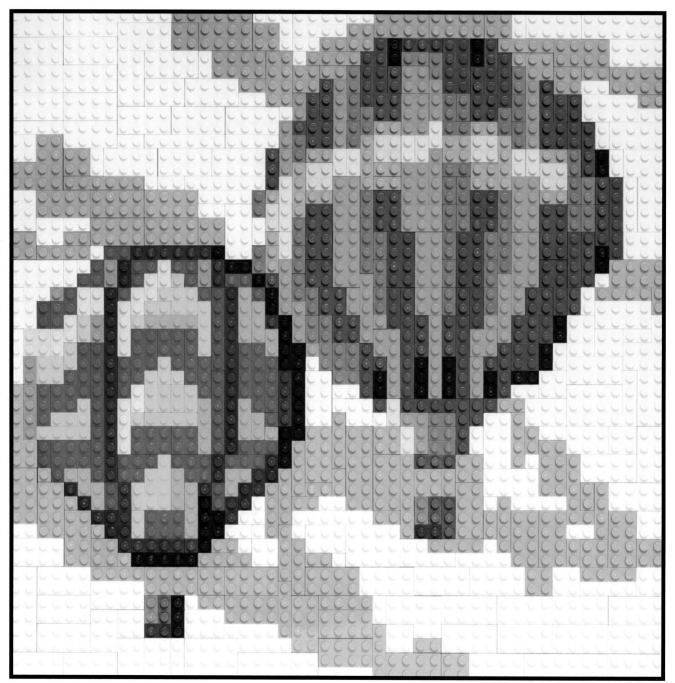

SECTIONS

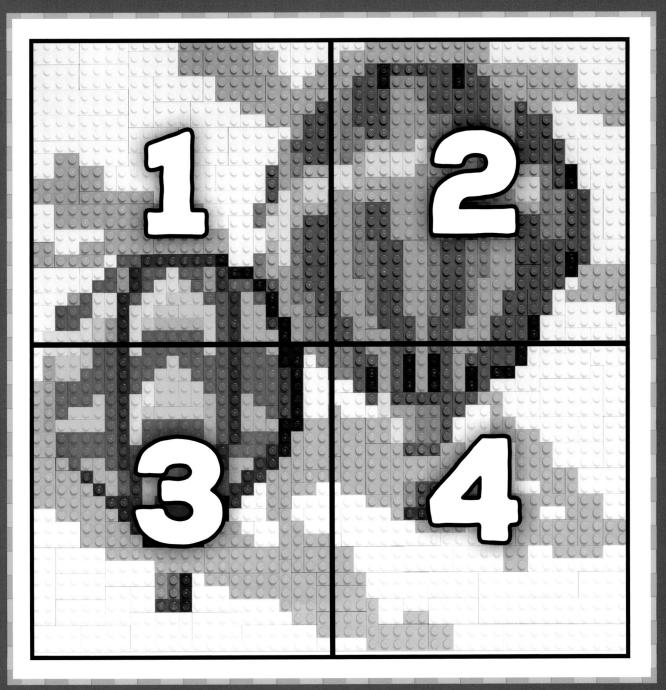

HOT AIR BALLOONS: SECTION 1

BRICKS NEEDED FOR SECTION 1

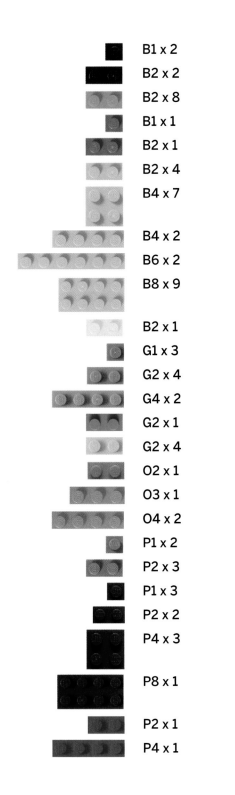

B1 x 2
B2 x 2
B2 x 8
B1 x 1
B2 x 1
B2 x 4
B4 x 7

B4 x 2
B6 x 2
B8 x 9

B2 x 1
G1 x 3
G2 x 4
G4 x 2
G2 x 1
G2 x 4
O2 x 1
O3 x 1
O4 x 2
P1 x 2
P2 x 3
P1 x 3
P2 x 2
P4 x 3

P8 x 1

P2 x 1
P4 x 1

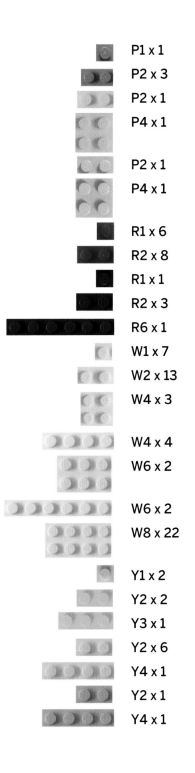

P1 x 1
P2 x 3
P2 x 1
P4 x 1

P2 x 1
P4 x 1

R1 x 6
R2 x 8
R1 x 1
R2 x 3
R6 x 1
W1 x 7
W2 x 13
W4 x 3

W4 x 4
W6 x 2

W6 x 2
W8 x 22

Y1 x 2
Y2 x 2
Y3 x 1
Y2 x 6
Y4 x 1
Y2 x 1
Y4 x 1

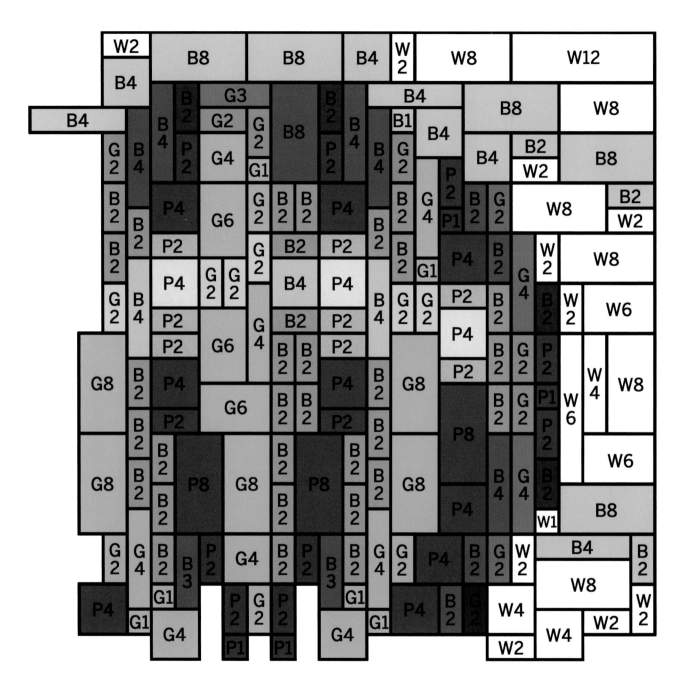

HOT AIR BALLOONS: SECTION 2

B2 x 4

B2 x 32

B2 x 4

B3 x 2

B4 x 5

B8 x 1

B1 x 1

B2 x 3

B4 x 5

B4 x 5

B8 x 5

G1 x 6

G2 x 4

G4 x 4

G4 x 4

G6 x 3

G8 x 5

G2 x 6

G2 x 2

G3 x 1

G4 x 2

G2 x 1

G2 x 6

P2 x 8

P1 x 4

P2 x 11

P4 x 9

P8 x 3

P4 x 3

W1 x 1

W2 x 10

W4 x 2

W4 x 1

W6 x 2

W6 x 1

W8 x 6

W12 x 1

HOT AIR BALLOONS: SECTION 3

B1 x 4

B2 x 4

B4 x 4

B2 x 1

B1 x 4

B2 x 6

B4 x 3

B4 x 10

B8 x 8

BR2 x 1

BR2 x 1

G2 x 1

GR2 x 1

O1 x 3

O2 x 4

O3 x 2

O4 x 2

P1 x 1

P2 x 4

P4 x 1

P6 x 2

P2 x 1

P4 x 1

R1 x 3

R2 x 3

R3 x 9

R4 x 2

R4 x 4

R6 x 4

R1 x 6

R2 x 12

R6 x 4

W1 x 9

W2 x 6

W4 x 3

W4 x 3

W6 x 5

W8 x 10

W12 x 1

Y1 x 3

Y2 x 4

Y3 x 1

Y4x 1

Y2 x 1

Y4 x 1

Y2 x 6

Y4 x 3

W2 P2 P1 G2 B6 B2 G4 B2 B6 G2 P1 P2 B4 G2 W2 W6

W4 B2 B2 G1 B1 G1 B2 B2 G2 W4 W8 W8

W2 W4 W8

W4 B1 G2 G4 G2 B1 B2 W6 W4 W8

W1 G2 G2 G2 G4 G2 W4

B4 G2 G2 G2 W2 W8 B4 B2 W2 W6 W4

B12 G2 G2 G2 W8

GR3 W1 B4 W8

B8 B4 B4 B2 B4 B8 B4 W8

GR3 B2 B2 B4

B R2 GR2 GR3 B8 W1 B4 B2 W8

W6 B2 B2 BR2 B2 B4 B2 B4 B8 B8 B2 B4 B8 W4

W4 W2 B4 W1 B4 W2 B4

W8 W4 W4 B8 B8 B2 B4

B8 W8 W8 W8 B4 W4 B4 W4

B4 W2 W8 W8 W8 W8 W8

B8 W4 W2 B2

B4 W8 W8 W8 W8

B8 W4 B8 B4 W8 W12 W8

HOT AIR BALLOONS: SECTION 4

68

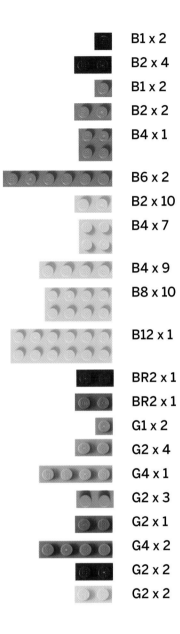

B1 x 2

B2 x 4

B1 x 2

B2 x 2

B4 x 1

B6 x 2

B2 x 10

B4 x 7

B4 x 9

B8 x 10

B12 x 1

BR2 x 1

BR2 x 1

G1 x 2

G2 x 4

G4 x 1

G2 x 3

G2 x 1

G4 x 2

G2 x 2

G2 x 2

GR2 x 1

GR3 x 2

P1 x 2

P2 x 2

W1 x 4

W2 x 9

W4 x 8

W4 x 8

W6 x 3

W6 x 1

W8 x 23

W12 x 1

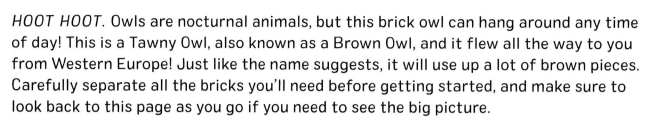

OWL

HOOT HOOT. Owls are nocturnal animals, but this brick owl can hang around any time of day! This is a Tawny Owl, also known as a Brown Owl, and it flew all the way to you from Western Europe! Just like the name suggests, it will use up a lot of brown pieces. Carefully separate all the bricks you'll need before getting started, and make sure to look back to this page as you go if you need to see the big picture.

SECTIONS

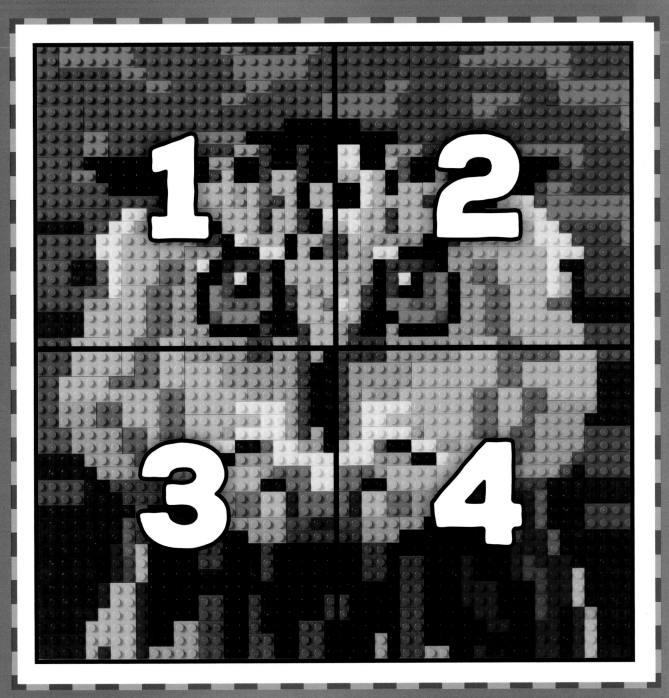

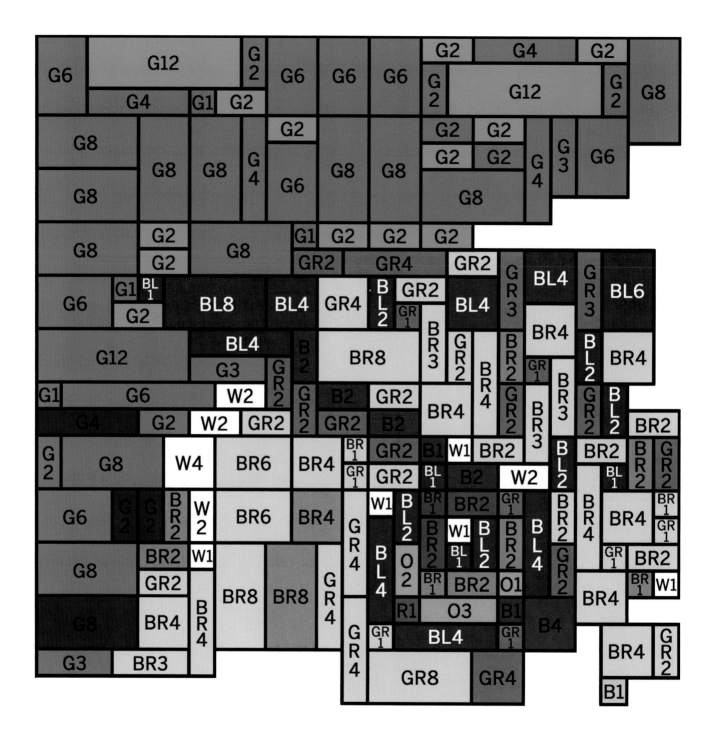

OWL: SECTION 1

B1 x 2

B2 x 4

B4 x 1

B1 x 1

BL1 x 4

BL2 x 6

BL4 x 3

BL4 x 4

BL6 x 1

BL8 x 1

BR1 x 1

BR1 x 2

BR2 x 5

BR3 x 4

BR4 x 8

BR4 x 3

BR6 x 2

BR8 x 2

BR1 x 1

BR2 x 6

BR2 x 2

BR1 x 1

BR4 x 1

BR8 x 1

G2 x 12

G12 x 2

G1 x 4

G2 x 7

G3 x 3

G4 x 4

G6 x 8

G6 x 1

G8 x 12

G12 x 1

G2 x 2

G4 x 1

G8 x 1

GR1 x 4

GR2 x 8

GR4 x 1

GR4 x 3

GR8 x 1

GR1 x 4

GR2 x 9

GR3 x 2

GR4 x 1

GR4 x 1

O1 x 1

O2 x 1

O3 x 1

R1 x 1

W1 x 5

W2 x 4

W4 x 1

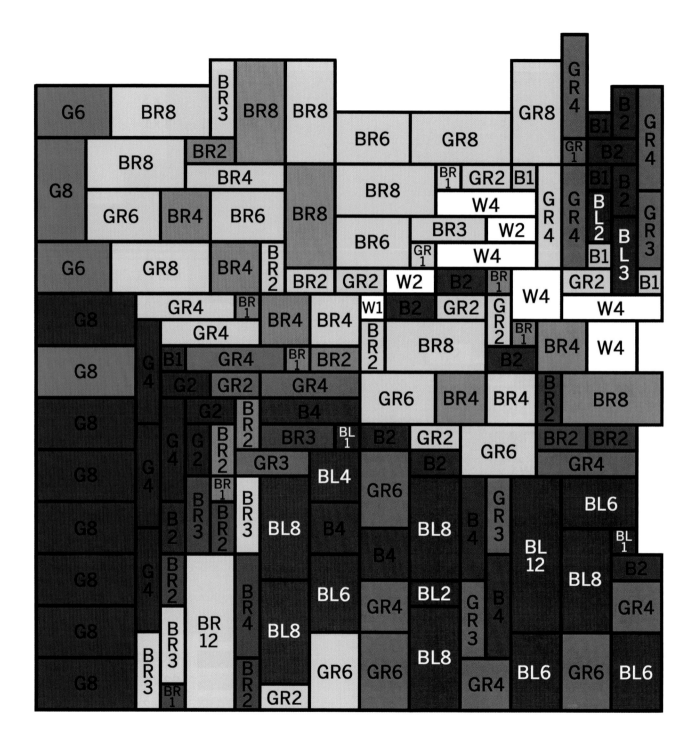

B1 x 3

B2 x 10

B4 x 2

B4 x 3

B1 x 3

BL1 x 2

BL2 x 2

BL3 x 1

BL4 x 1

BL6 x 4

BL8 x 5

BL12 x 1

BR1 x 1

BR2 x 4

BR3 x 2

BR4 x 1

BR1 x 1

BR2 x 3

BR3 x 5

BR4 x 2

BR4 x 1

BR6 x 3

BR8 x 5

BR12 x 1

BR1 x 5

BR2 x 4

BR4 x 3

BR2 x 2

BR4 x 2

BR8 x 3

G6 x 2

G8 x 2

G2 x 3

G4 x 4

G8 x 7

GR1 x 1

GR2 x 7

GR4 x 3

GR6 x 4

GR8 x 3

GR1 x 1

GR2 x 1

GR3 x 4

GR4 x 3

GR4 x 6

GR6 x 3

W1 x 1

W2 x 2

W4 x 2

W4 x 3

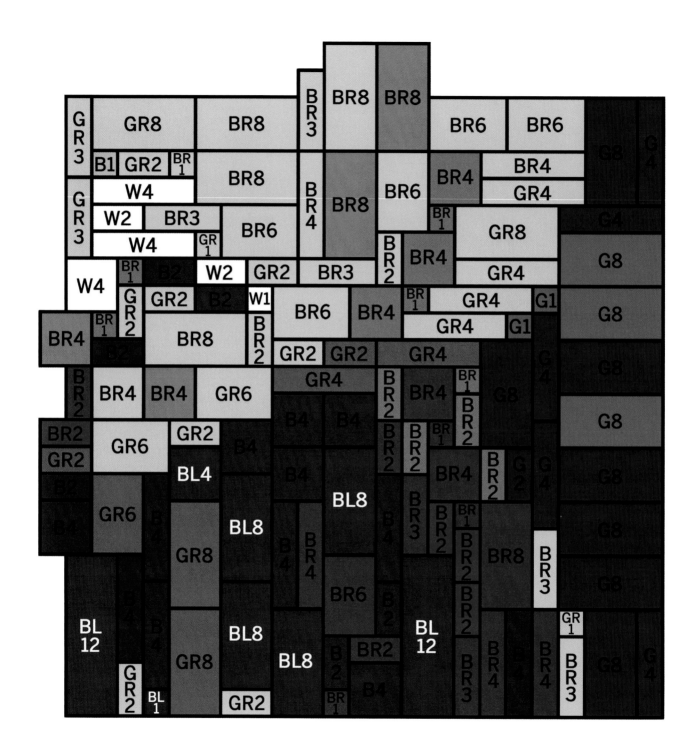

OWL: SECTION 4

B2 x 6

B4 x 6

B4 x 6

B1 x 1

BL1 x 1

BL4 x 1

BL8 x 4

BL12 x 2

BR1 x 3

BR2 x 3

BR3 x 2

BR4 x 2

BR4 x 3

BR6 x 1

BR8 x 1

BR1 x 1

BR2 x 2

BR3 x 5

BR4 x 1

BR4 x 2

BR6 x 5

BR8 x 4

BR1 x 5

BR2 x 4

BR4 x 3

BR2 x 4

BR4 x 2

BR8 x 2

G1 x 2

G8 x 3

G2 x 1

G4 x 5

G8 x 7

GR1 x 2

GR2 x 8

GR3 x 2

GR4 x 4

GR6 x 2

GR8 x 2

GR2 x 2

GR4 x 2

GR6 x 1

GR8 x 2

W1 x 1

W2 x 2

W4 x 1

W4 x 2

PARROT

IMAGINE WHAT THIS BRICK PARROT MIGHT SAY! Scarlet Macaws are the national bird of Honduras, but they can be found all over Central and South America—from Mexico all the way to the canopies of the Amazon in Brazil. Speckled across his feathers are colorful bricks. Follow these colors, add your own unique flourishes, or stay true to the deep red body and blue, green, and yellow tails of these majestic squawking birds.

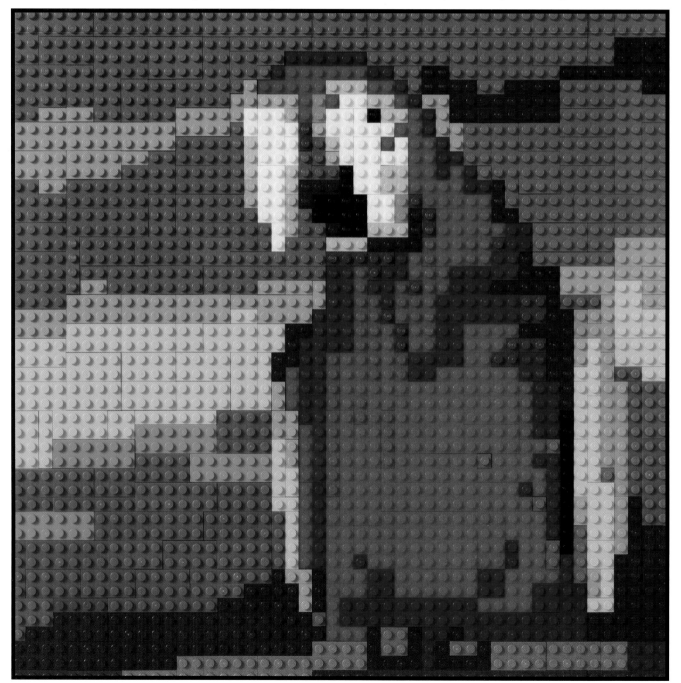

SECTIONS

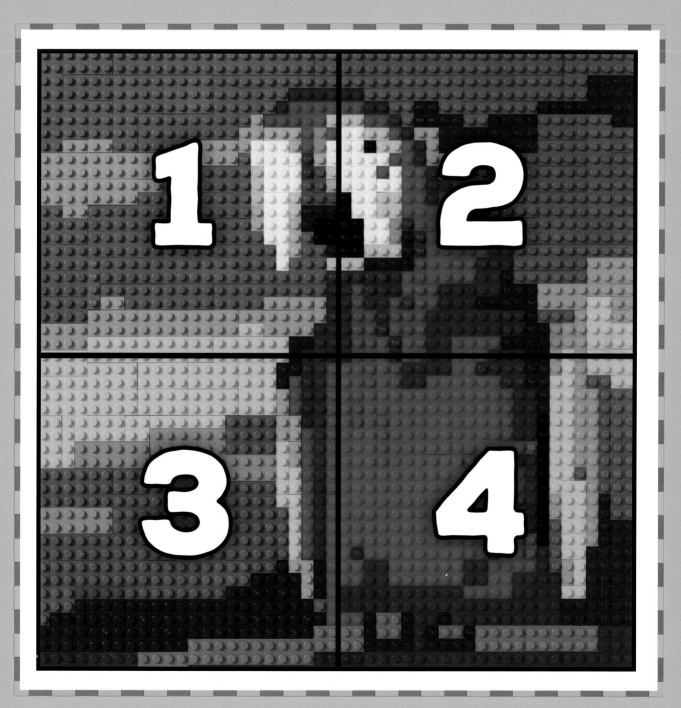

PARROT: SECTION 1

BRICKS NEEDED FOR SECTION 1

B1 x 1
B2 x 4
B2 x 11
B8 x 11

B1 x 5
B2 x 7
B3 x 1
B4 x 3

B4 x 3
B6 x 22

B6 x 1
B8 x 16

B16 x 1

B2 x 1
B4 x 2

B8 x 4

BL2 x 1
BL4 x 1

BR1 x 1
BR2 x 1
BR3 x 1
GR1 x 3
GR2 x 1
GR3 x 2
GR2 x 3
O2 x 1
P1 x 1
P2 x 1
R1 x 1
R2 x 3
R3 x 1
R1 x 1
R2 x 2
R12 x 1

W1 x 1
W2 x 4
W4 x 1

W8 x 2

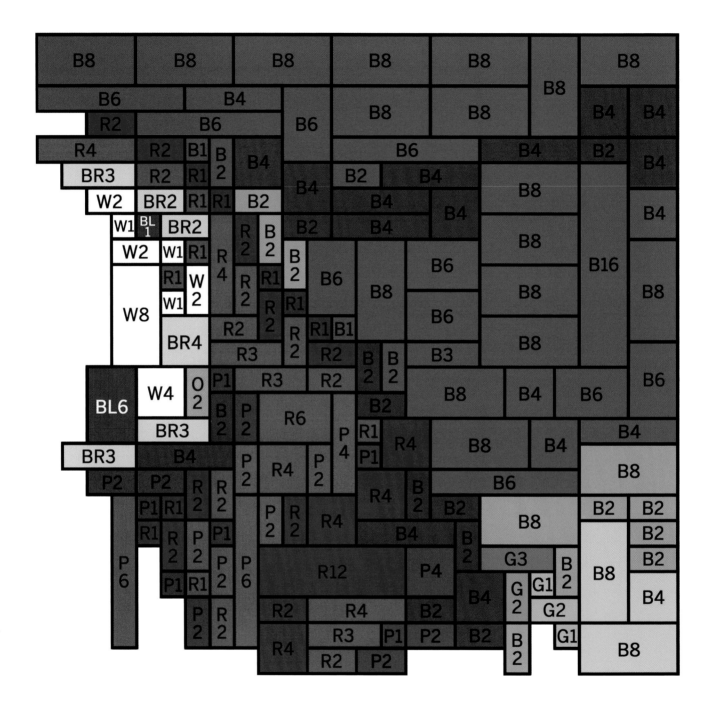

PARROT: SECTION 2

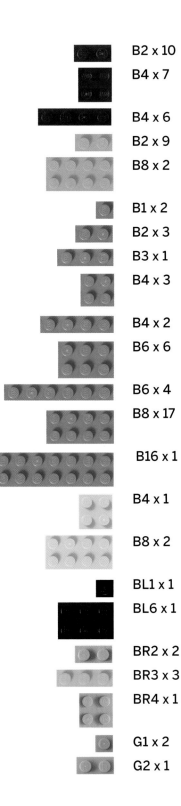

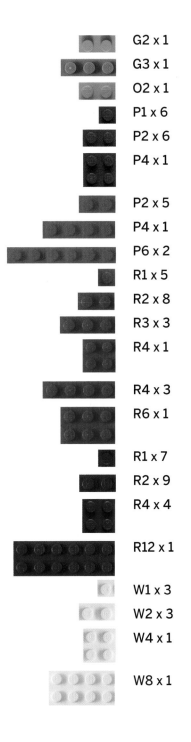

B2 x 10

B4 x 7

B4 x 6

B2 x 9

B8 x 2

B1 x 2

B2 x 3

B3 x 1

B4 x 3

B4 x 2

B6 x 6

B6 x 4

B8 x 17

B16 x 1

B4 x 1

B8 x 2

BL1 x 1

BL6 x 1

BR2 x 2

BR3 x 3

BR4 x 1

G1 x 2

G2 x 1

G2 x 1

G3 x 1

O2 x 1

P1 x 6

P2 x 6

P4 x 1

P2 x 5

P4 x 1

P6 x 2

R1 x 5

R2 x 8

R3 x 3

R4 x 1

R4 x 3

R6 x 1

R1 x 7

R2 x 9

R4 x 4

R12 x 1

W1 x 3

W2 x 3

W4 x 1

W8 x 1

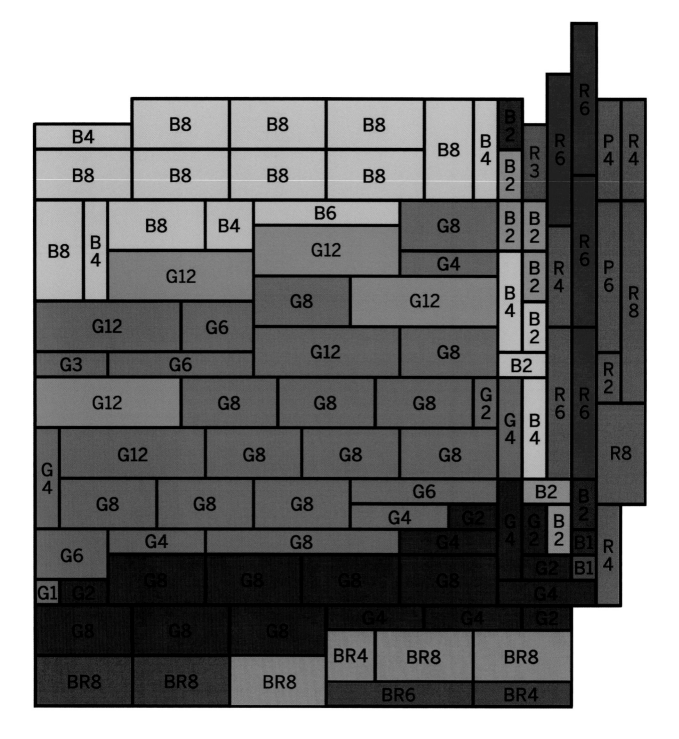

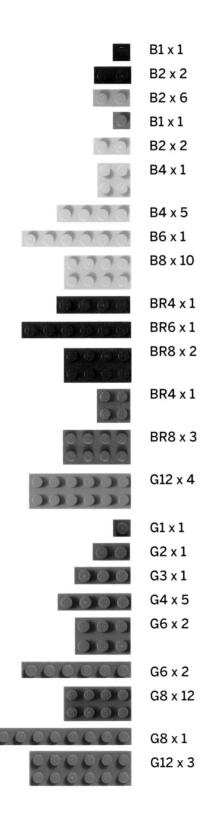

B1 x 1
B2 x 2
B2 x 6
B1 x 1
B2 x 2
B4 x 1
B4 x 5
B6 x 1
B8 x 10
BR4 x 1
BR6 x 1
BR8 x 2
BR4 x 1
BR8 x 3
G12 x 4
G1 x 1
G2 x 1
G3 x 1
G4 x 5
G6 x 2
G6 x 2
G8 x 12
G8 x 1
G12 x 3

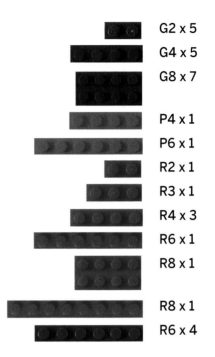

G2 x 5
G4 x 5
G8 x 7
P4 x 1
P6 x 1
R2 x 1
R3 x 1
R4 x 3
R6 x 1
R8 x 1
R8 x 1
R6 x 4

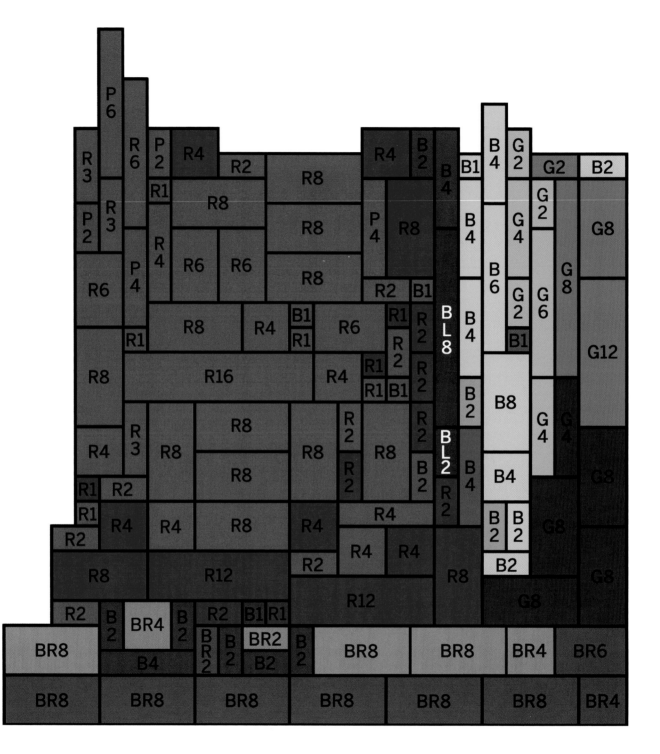

PARROT: SECTION 4

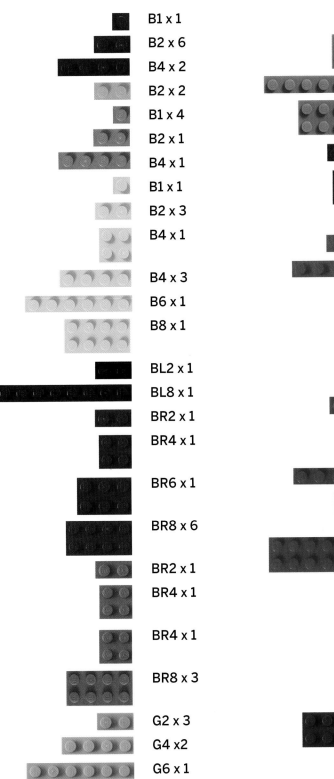

B1 x 1
B2 x 6
B4 x 2
B2 x 2
B1 x 4
B2 x 1
B4 x 1
B1 x 1
B2 x 3
B4 x 1
B4 x 3
B6 x 1
B8 x 1

BL2 x 1
BL8 x 1
BR2 x 1
BR4 x 1
BR6 x 1
BR8 x 6
BR2 x 1
BR4 x 1
BR4 x 1
BR8 x 3
G2 x 3
G4 x 2
G6 x 1

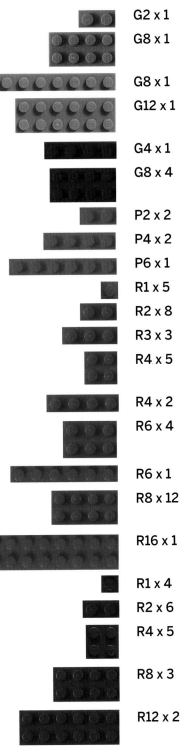

G2 x 1
G8 x 1
G8 x 1
G12 x 1
G4 x 1
G8 x 4
P2 x 2
P4 x 2
P6 x 1
R1 x 5
R2 x 8
R3 x 3
R4 x 5
R4 x 2
R6 x 4
R6 x 1
R8 x 12
R16 x 1
R1 x 4
R2 x 6
R4 x 5
R8 x 3
R12 x 2

PIZZA

CAUTION: TOSSING THIS PIZZA IN THE AIR or putting it in the oven will cause it to break! This project looks easy, but the mix of ingredient colors can be a fun challenge. You can follow it exactly and refer back to this page if you need an extra guide. Not big on the green stuff? Just pick out those green peppers! Replace them with more yellow for a nice cheesy pizza. Make your own favorite pizza pie with colorful brick toppings. Just don't eat it!

SECTIONS

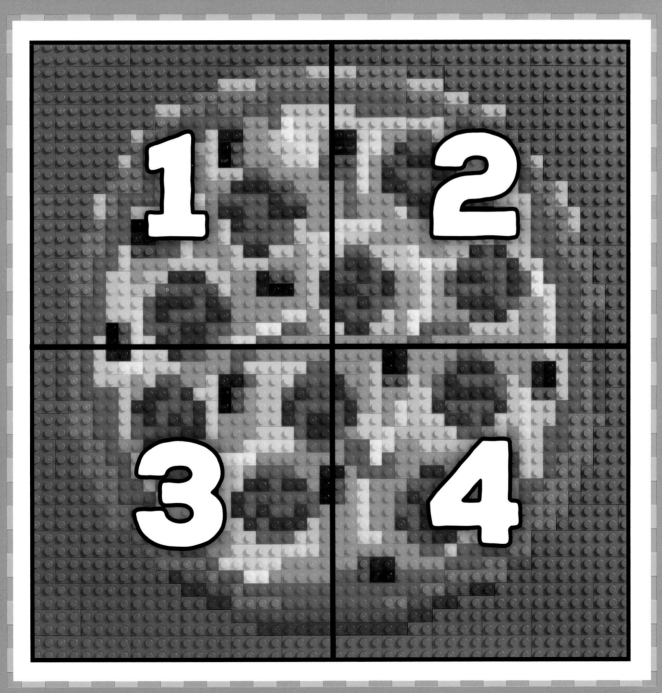

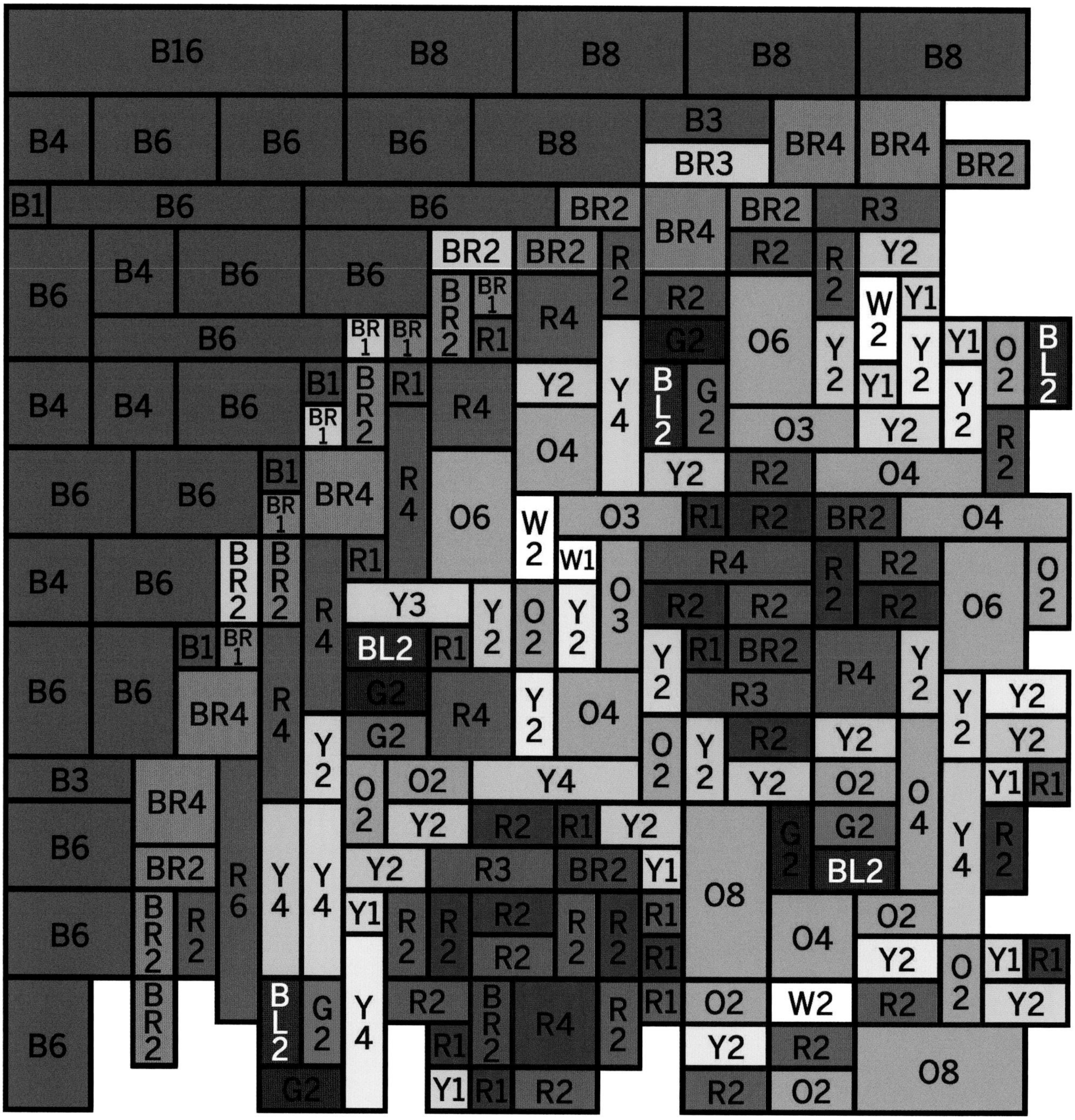

PIZZA: SECTION 1

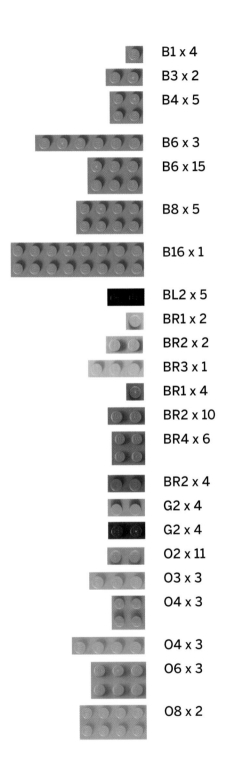

B1 x 4

B3 x 2

B4 x 5

B6 x 3

B6 x 15

B8 x 5

B16 x 1

BL2 x 5

BR1 x 2

BR2 x 2

BR3 x 1

BR1 x 4

BR2 x 10

BR4 x 6

BR2 x 4

G2 x 4

G2 x 4

O2 x 11

O3 x 3

O4 x 3

O4 x 3

O6 x 3

O8 x 2

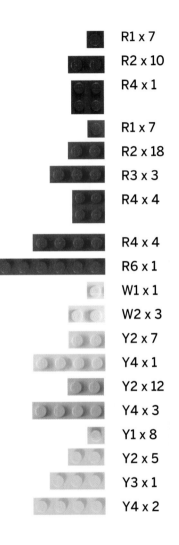

R1 x 7

R2 x 10

R4 x 1

R1 x 7

R2 x 18

R3 x 3

R4 x 4

R4 x 4

R6 x 1

W1 x 1

W2 x 3

Y2 x 7

Y4 x 1

Y2 x 12

Y4 x 3

Y1 x 8

Y2 x 5

Y3 x 1

Y4 x 2

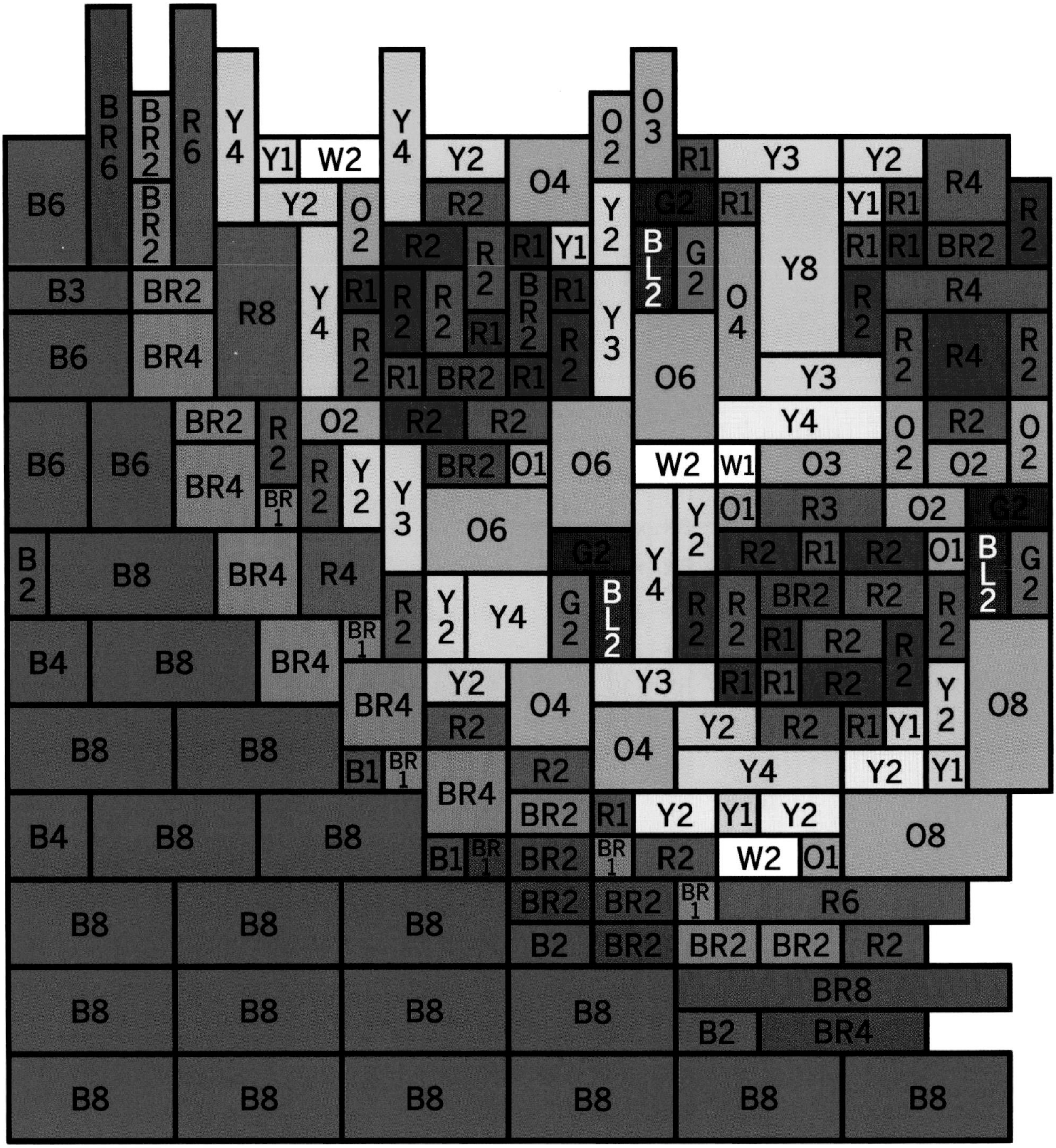

PIZZA: SECTION 3

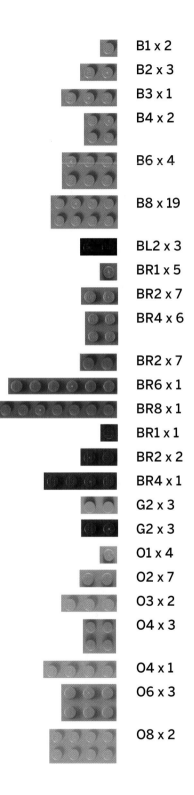

B1 x 2
B2 x 3
B3 x 1
B4 x 2
B6 x 4
B8 x 19
BL2 x 3
BR1 x 5
BR2 x 7
BR4 x 6
BR2 x 7
BR6 x 1
BR8 x 1
BR1 x 1
BR2 x 2
BR4 x 1
G2 x 3
G2 x 3
O1 x 4
O2 x 7
O3 x 2
O4 x 3
O4 x 1
O6 x 3
O8 x 2

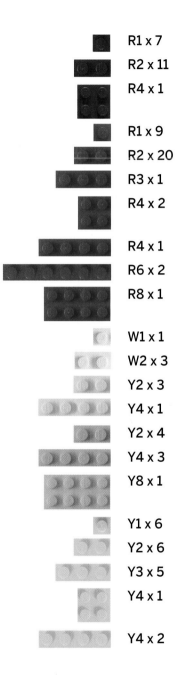

R1 x 7
R2 x 11
R4 x 1
R1 x 9
R2 x 20
R3 x 1
R4 x 2
R4 x 1
R6 x 2
R8 x 1
W1 x 1
W2 x 3
Y2 x 3
Y4 x 1
Y2 x 4
Y4 x 3
Y8 x 1
Y1 x 6
Y2 x 6
Y3 x 5
Y4 x 1
Y4 x 2

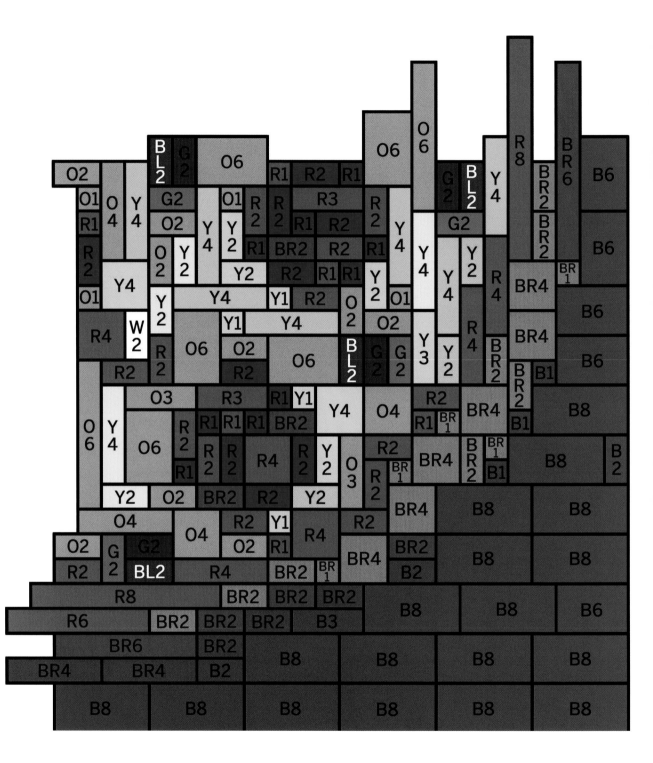

PIZZA: SECTION 4

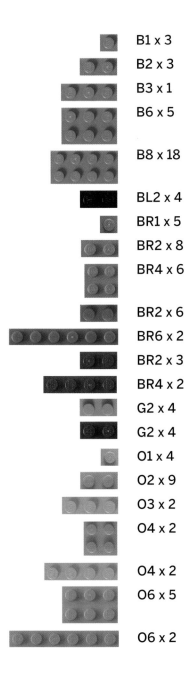

B1 x 3
B2 x 3
B3 x 1
B6 x 5
B8 x 18
BL2 x 4
BR1 x 5
BR2 x 8
BR4 x 6
BR2 x 6
BR6 x 2
BR2 x 3
BR4 x 2
G2 x 4
G2 x 4
O1 x 4
O2 x 9
O3 x 2
O4 x 2
O4 x 2
O6 x 5
O6 x 2

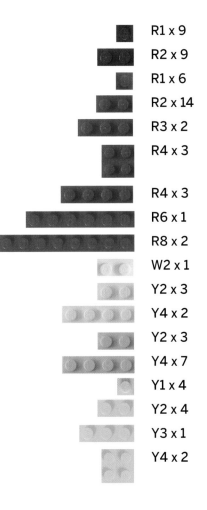

R1 x 9
R2 x 9
R1 x 6
R2 x 14
R3 x 2
R4 x 3
R4 x 3
R6 x 1
R8 x 2
W2 x 1
Y2 x 3
Y4 x 2
Y2 x 3
Y4 x 7
Y1 x 4
Y2 x 4
Y3 x 1
Y4 x 2

PLANE

THE WRIGHT BROTHERS WERE THE FIRST TO FLY a plane through the air in 1903. Now, you'll be the first to make one out of LEGO bricks! The very first flight lasted just 12 seconds and went 120 feet! You can visit that same plane at the National Air and Space Museum in Washington, D.C., but your propelling plane can stay right at home. Sort out all of the bricks you'll need before you take flight and become your own amazing aviator!

SECTIONS

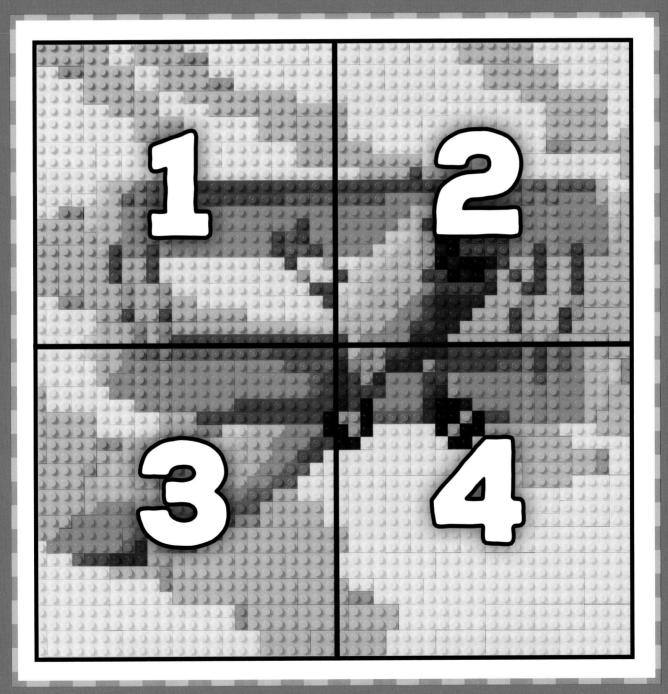

W8 W8 W8 B8 B4 W4 W8 W8

W8 W8 W8 B8 B4 W8

W8 W8 W6 B4 B2 W4
W2

W2 W8 W8 W8 W8 W8 B8 B4 W2 W1
B2

B8 W4 W8 B2 B4 B4
B4

W1 B4 G1 W4 W8 W8 W8 W2

BR6 G1 BR6 BR1 G2 BR1 G2 BR1 BR2 Y2 W2

BR2 BR2 O4 G2 O4 O1 O6 Y2 Y2

O6 Y2 GR1 G2 GR2 O1 O4 G4 Y2 B4

O8 O1 Y1 GR2 BL1 G2 B1 GR2 O4 O6 O4 Y2

Y2 Y4 GR3 BL1 B1 GR1 G1 G2 O4 G4

O1 BL1 B1 BL1 GR2 G2 O1 O1 B2

W4 Y2 GR3 B1 BL1 BL2 B1 G2 B2 GR4 B1 GR4 B8

W2 Y2 Y1 Y3 B1 BL1 B1 B1 G1 B1 B4 B8

Y2 Y4 Y2 GR2 BL1 B1 GR1 B4 B2 GR4 B2 GR4

Y2 Y2 Y2 O1 GR4 BR1 B4 G1 GR2 B4 GR2

Y2 Y2 Y2 O2 BR2 BR4 B1 B2 GR2 B8

Y2 Y2 O1 O3 BR2 BR4 BR1 B2 B4 GR2 B2 B1 GR2 B1

Y2 O2 O2 BR6 Y4 Y2 G1 Y1 G1 Y4 B4

Y2 O2 BR2 BR6 Y2

PLANE: SECTION 2

104

B2 x 1

B1 x 5

B2 x 7

B4 x 4

B4 x 11

B8 x 7

B1 x 6

BL1 x 6

BL2 x 1

BR1 x 3

BR2 x 3

BR2 x 3

BR6 x 3

BR1 x 2

BR4 x 1

BR4 x 1

BR6 x 1

G2 x 2

G1 x 5

G2 x 5

G1 x 2

G4 x 2

GR1 x 3

GR2 x 7

GR4 x 3

GR2 x 2

GR3 x 1

O1 x 7

O2 x 3

O3 x 1

O4 x 5

O6 x 2

O6 x 1

O8 x 1

W1 x 2

W2 x 5

W4 x 2

W4 x 3

W6 x 1

W8 x 20

Y2 x 6

Y2 x 9

Y4 x 2

Y1 x 3

Y2 x 5

Y3 x 1

Y4 x 1

Y4 x 1

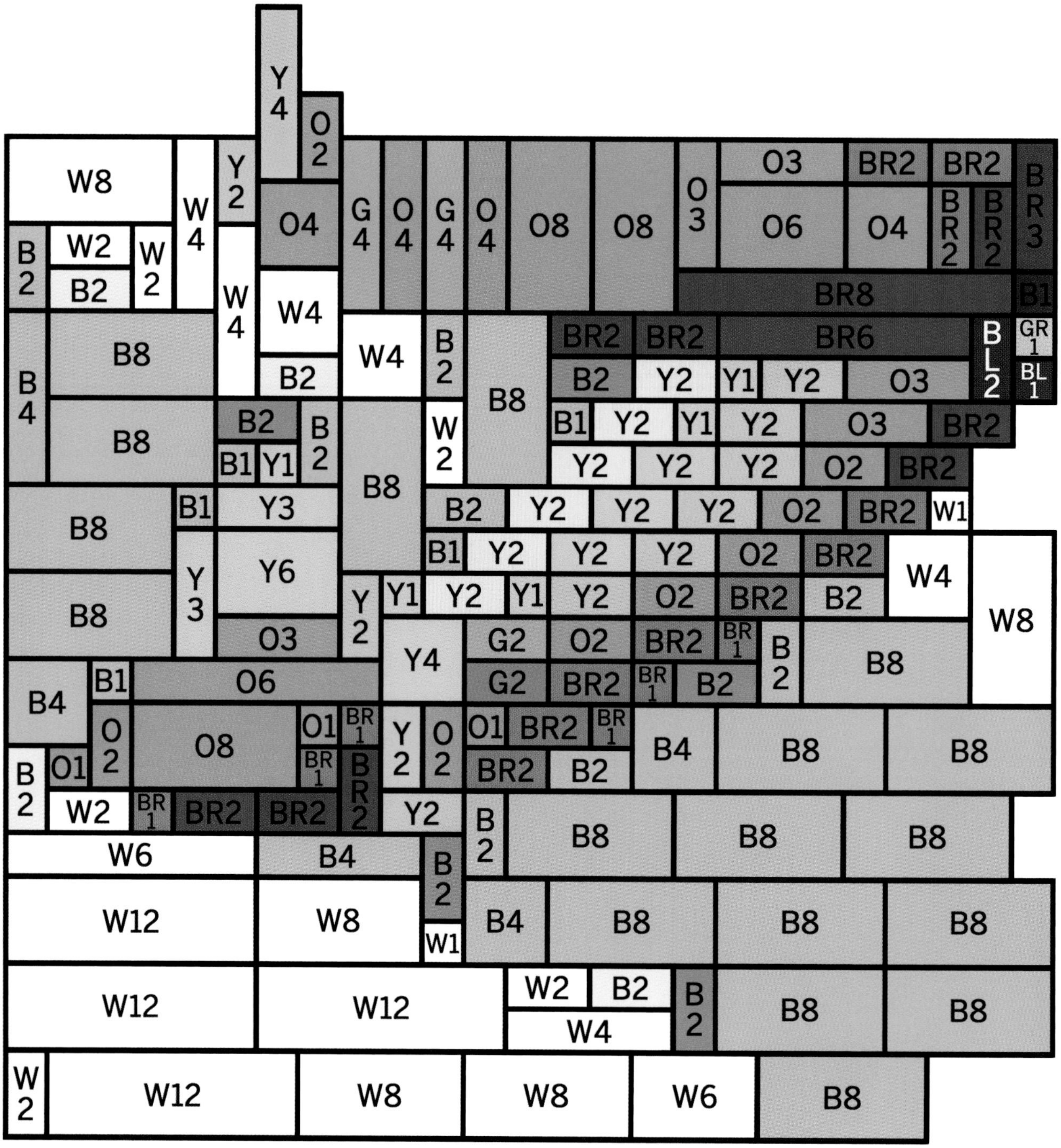

PLANE: SECTION 3

B2 x 5

B1 x 5

B2 x 8

B4 x 3

B4 x 2

B8 x 18

B2 x 4

B1 x 1

BL1 x 1

BL2 x 1

BR1 x 6

BR2 x 10

BR2 x 6

BR6 x 1

BR8 x 1

BR2 x 2

BR3 x 1

G2 x 1

G2 x 1

G4 x 2

GR1 x 1

O1 x 3

O2 x 8

O3 x 5

O4 x 2

O4 x 2

O6 x 1

O6 x 1

O8 x 3

W1 x 2

W2 x 6

W4 x 3

W4 x 3

W6 x 1

W6 x 1

W8 x 5

W12 x 4

Y2 x 6

Y2 x 10

Y4 x 1

Y1 x 5

Y2 x 3

Y3 x 2

Y4 x 1

Y6 x 1

PLANE: SECTION 4

B2 x 3

B2 x 2

B4 x 2

B4 x 1

B8 x 4

B12 x 1

B2 x 3

B1 x 1

BL1 x 3

BL2 x 4

BL4 x 1

BR1 x 1

BR2 x 4

BR2 x 6

BR1 x 2

BR2 x 1

BR3 x 1

G2 x 2

G4 x 2

GR2 x 1

GR3 x 1

GR1 x 3

GR2 x 4

O1 x 1

O2 x 1

O3 x 2

O4 x 2

O6 x 1

O8 x 2

W1 x 6

W2 x 2

W4 x 6

W4 x 3

W6 x 3

W6 x 1

W8 x 34

W12 x 1

Y2 x 1

Y4 x 1

Y2 x 1

Y3 x 1

CHECK OUT THIS REGAL BEAGLE! Beagles are known for being friendly and intelligent, but did you know their best skill comes from their nose? Like other hounds, beagles have a great sense of smell and are excellent tracking dogs. Notice this pup is propped up on a picket fence. Paint that fence with different colored LEGO bricks, if you like! This puppy may not be as cuddly as the real thing, but she sure is fun to play with.

SECTIONS

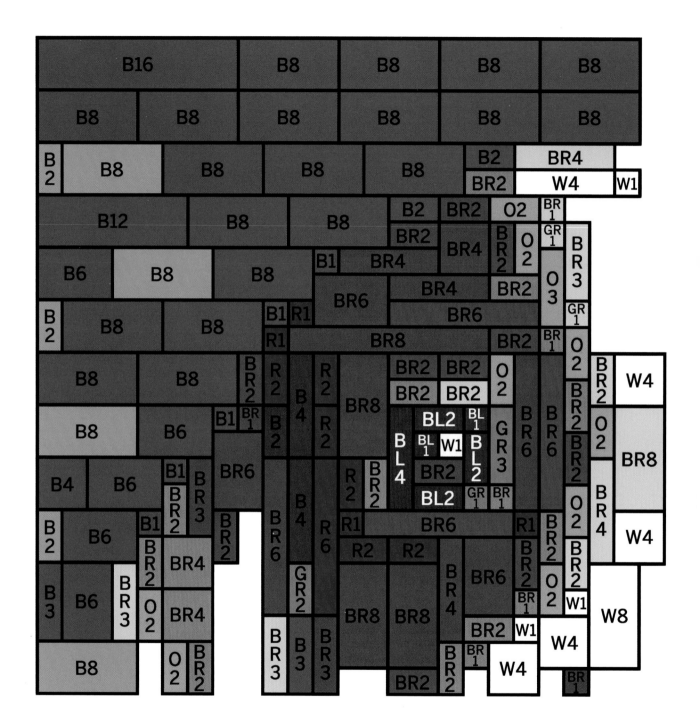

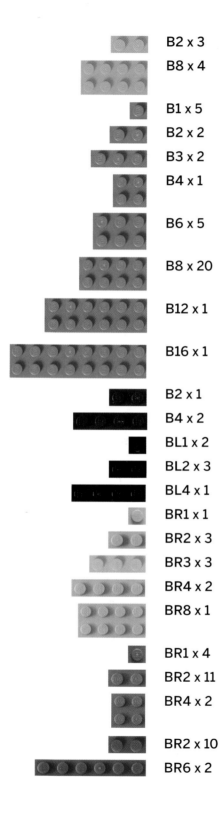

B2 x 3
B8 x 4
B1 x 5
B2 x 2
B3 x 2
B4 x 1
B6 x 5
B8 x 20
B12 x 1
B16 x 1
B2 x 1
B4 x 2
BL1 x 2
BL2 x 3
BL4 x 1
BR1 x 1
BR2 x 3
BR3 x 3
BR4 x 2
BR8 x 1
BR1 x 4
BR2 x 11
BR4 x 2
BR2 x 10
BR6 x 2

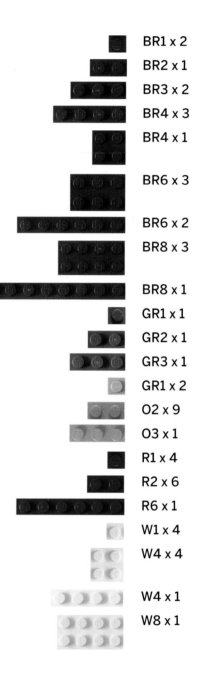

BR1 x 2
BR2 x 1
BR3 x 2
BR4 x 3
BR4 x 1
BR6 x 3
BR6 x 2
BR8 x 3
BR8 x 1
GR1 x 1
GR2 x 1
GR3 x 1
GR1 x 2
O2 x 9
O3 x 1
R1 x 4
R2 x 6
R6 x 1
W1 x 4
W4 x 4
W4 x 1
W8 x 1

113

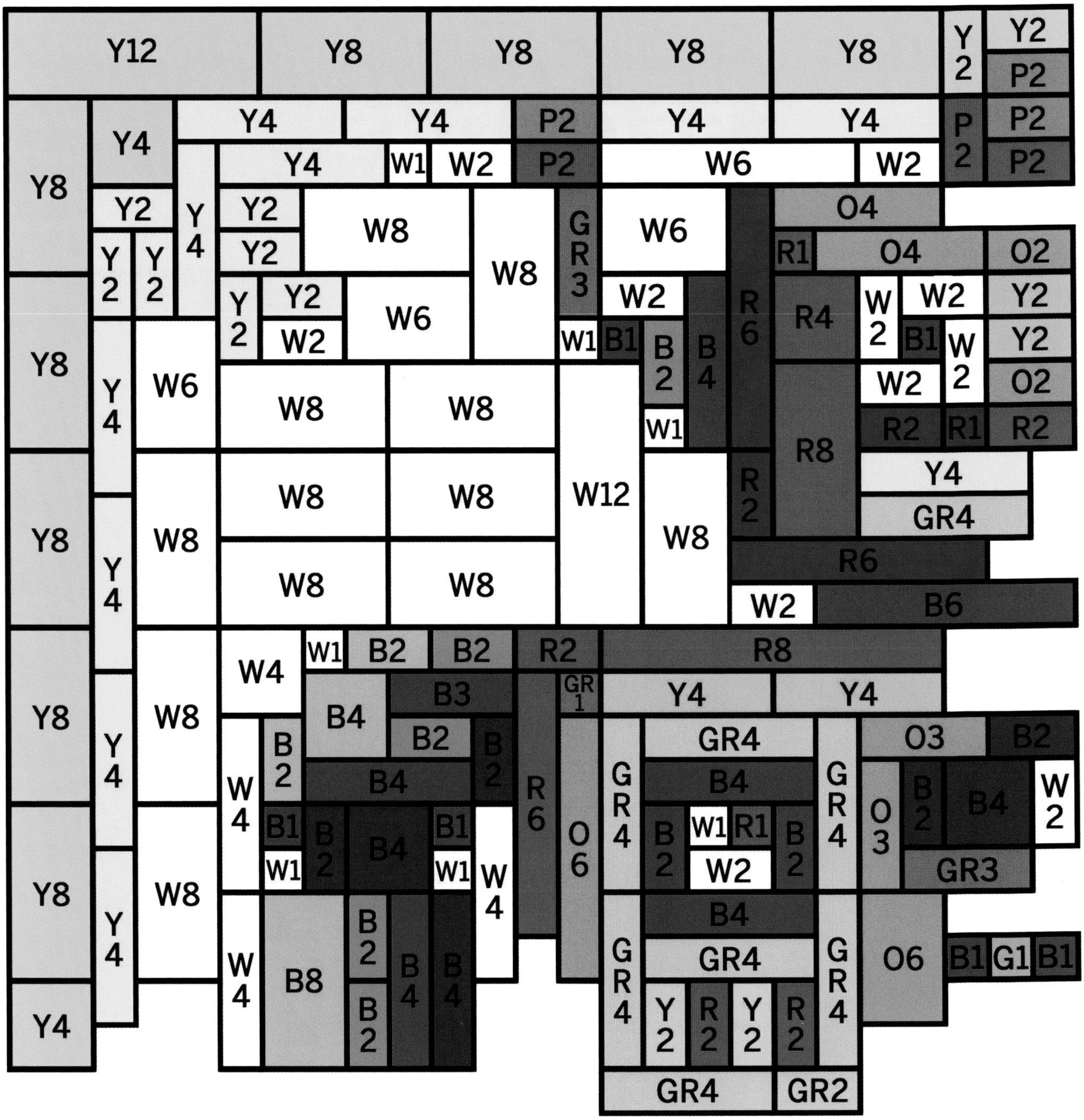

ROBOT: SECTION 1

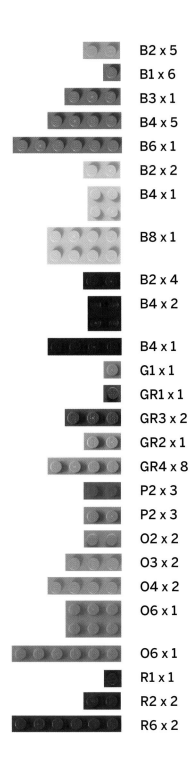

B2 x 5
B1 x 6
B3 x 1
B4 x 5
B6 x 1
B2 x 2
B4 x 1
B8 x 1
B2 x 4
B4 x 2
B4 x 1
G1 x 1
GR1 x 1
GR3 x 2
GR2 x 1
GR4 x 8
P2 x 3
P2 x 3
O2 x 2
O3 x 2
O4 x 2
O6 x 1
O6 x 1
R1 x 1
R2 x 2
R6 x 2

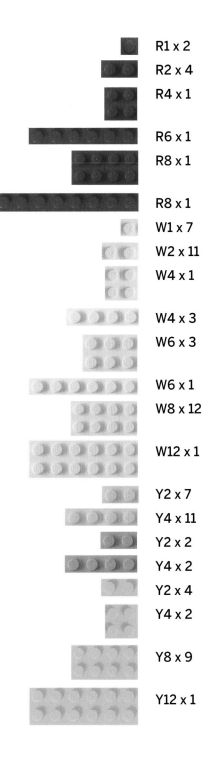

R1 x 2
R2 x 4
R4 x 1
R6 x 1
R8 x 1
R8 x 1
W1 x 7
W2 x 11
W4 x 1
W4 x 3
W6 x 3
W6 x 1
W8 x 12
W12 x 1
Y2 x 7
Y4 x 11
Y2 x 2
Y4 x 2
Y2 x 4
Y4 x 2
Y8 x 9
Y12 x 1

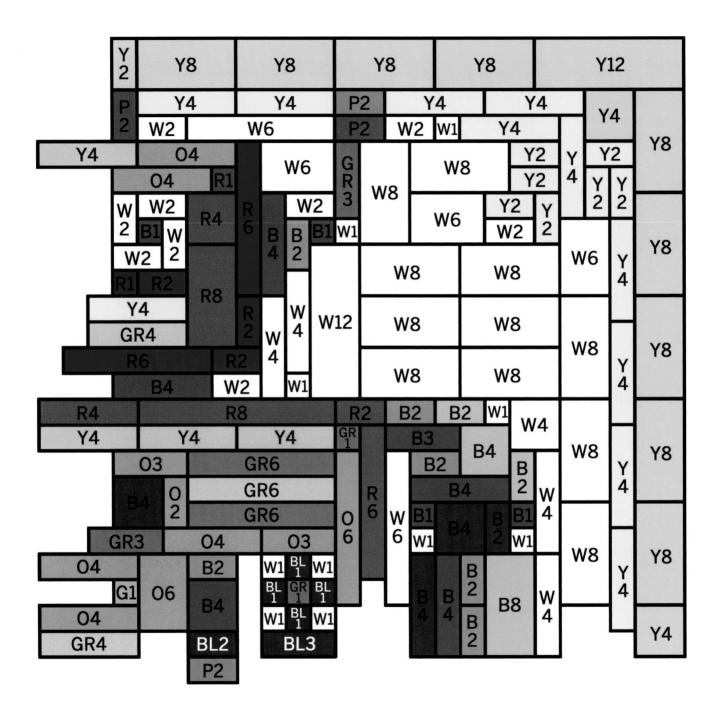

ROBOT: SECTION 2

BRICKS NEEDED FOR SECTION 2

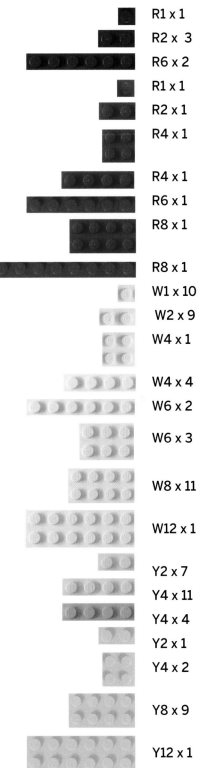

B2 x 6	R1 x 1
B1 x 4	R2 x 3
B3 x 1	R6 x 2
B4 x 1	R1 x 1
B4 x 4	R2 x 1
B2 x 2	R4 x 1
B4 x 1	R4 x 1
B8 x 1	R6 x 1
	R8 x 1
B2 x 1	R8 x 1
B4 x 2	W1 x 10
	W2 x 9
B4 x 1	W4 x 1
BL1 x 4	
BL2 x 1	W4 x 4
BL3 x 1	W6 x 2
G1 x 1	W6 x 3
GR1 x 2	
GR3 x 2	W8 x 11
GR6 x 2	
GR4 x 2	W12 x 1
GR6 x 1	
O2 x 1	Y2 x 7
O3 x 2	Y4 x 11
O4 x 5	Y4 x 4
O6 x 1	Y2 x 1
	Y4 x 2
O6 x 1	
P2 x 2	Y8 x 9
P2 x 2	
	Y12 x 1

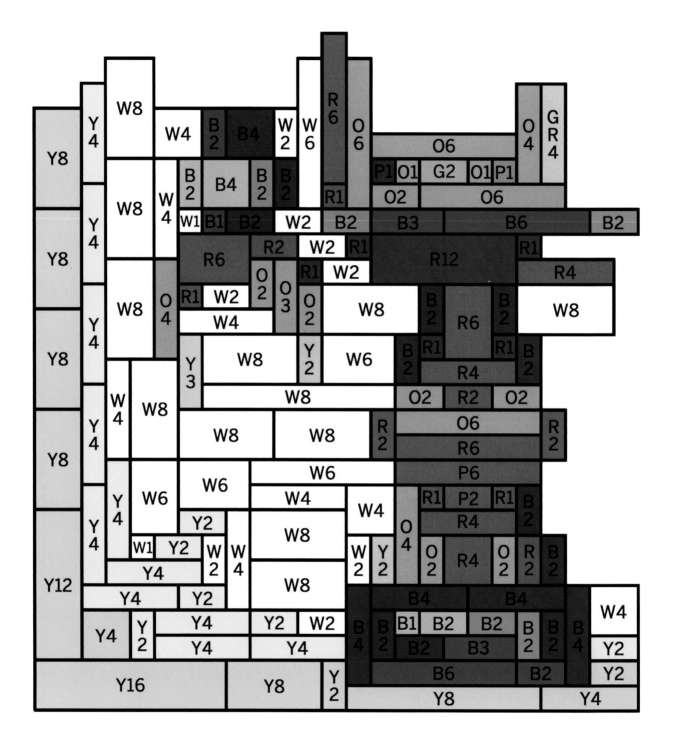

ROBOT: SECTION 3

B2 x 5

B2 x 2

B3 x 2

B6 x 2

B1 x 1

B2 x 2

B4 x 1

B2 x 11

B4 x 1

B4 x 4

G2 x 1

GR4 x 1

O1 x 2

O2 x 7

O3 x 1

O4 x 3

O6 x 4

P2 x 1

P6 x 1

P1 x 1

R1 x 5

R12 x 1

R1 x 4

R2 x 5

R4 x 1

R4 x 3

R6 x 2

R6 x 2

W1 x 2

W2 x 8

W4 x 3

W4 x 5

W6 x 3

W6 x 2

W8 x 11

W8 x 1

Y2 x 6

Y4 x 11

Y2 x 2

Y2 x 2

Y3 x 1

Y4 x 1

Y4 x 1

Y8 x 5

Y8 x 1

Y12 x 1

Y16 x 1

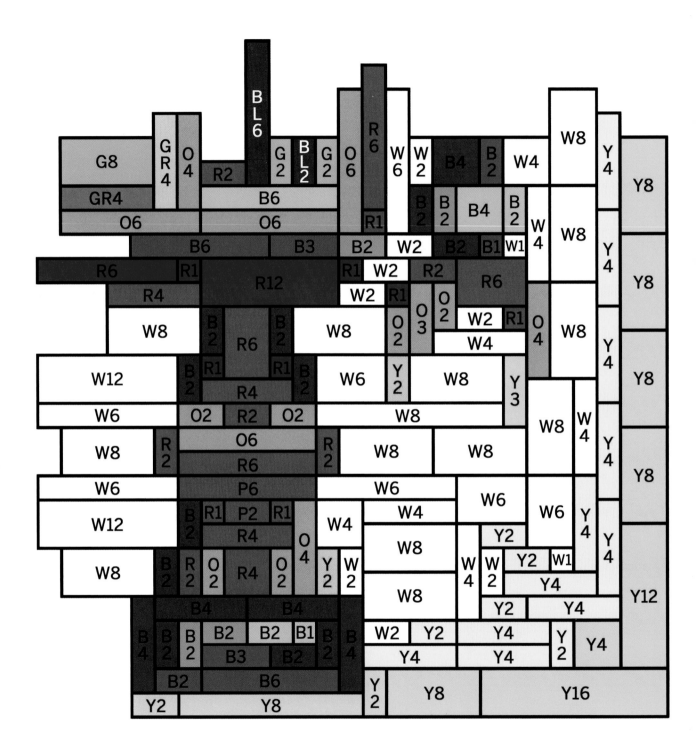

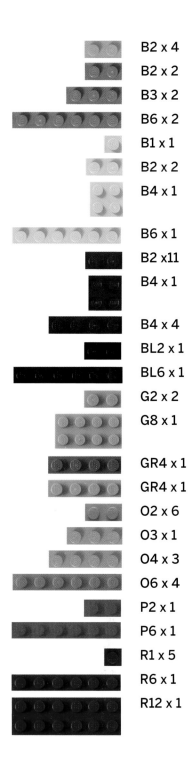

B2 x 4
B2 x 2
B3 x 2
B6 x 2
B1 x 1
B2 x 2
B4 x 1
B6 x 1
B2 x11
B4 x 1
B4 x 4
BL2 x 1
BL6 x 1
G2 x 2
G8 x 1
GR4 x 1
GR4 x 1
O2 x 6
O3 x 1
O4 x 3
O6 x 4
P2 x 1
P6 x 1
R1 x 5
R6 x 1
R12 x 1

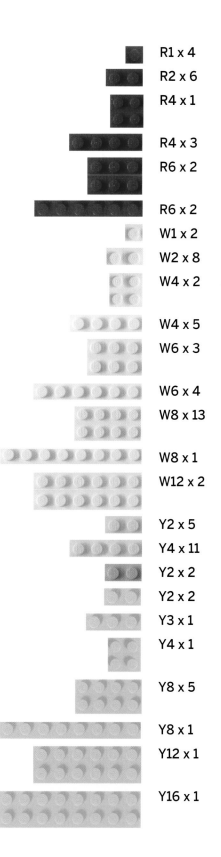

R1 x 4
R2 x 6
R4 x 1
R4 x 3
R6 x 2
R6 x 2
W1 x 2
W2 x 8
W4 x 2
W4 x 5
W6 x 3
W6 x 4
W8 x 13
W8 x 1
W12 x 2
Y2 x 5
Y4 x 11
Y2 x 2
Y2 x 2
Y3 x 1
Y4 x 1
Y8 x 5
Y8 x 1
Y12 x 1
Y16 x 1

ROCKET

REACH FOR THE STARS! Travel through galaxies in your very own space ship. In order to orbit the earth, rockets need to travel at least 4.9 miles *per second*. To reach outer space, modern rockets need to go more than twice that speed. Blast off with your project and see if you can catch up! Make your universe shine with all of your favorite colored bricks.

SECTIONS

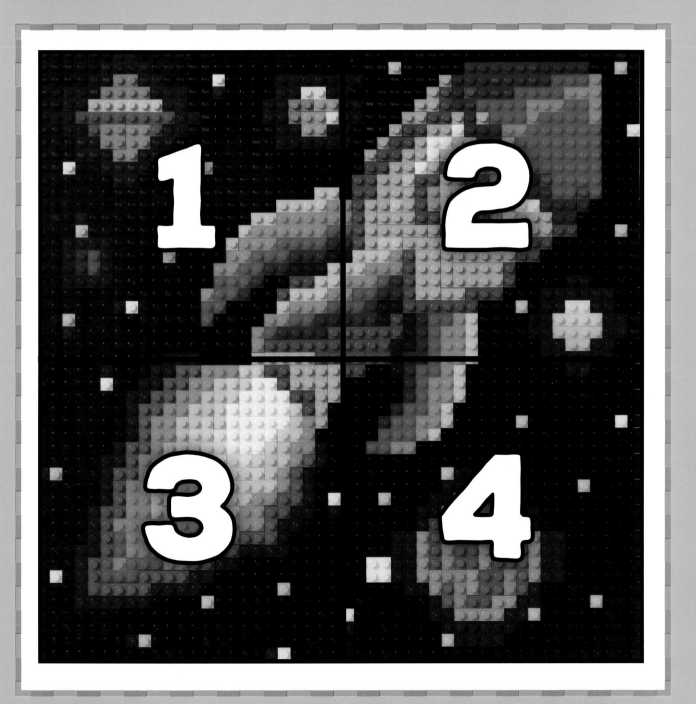

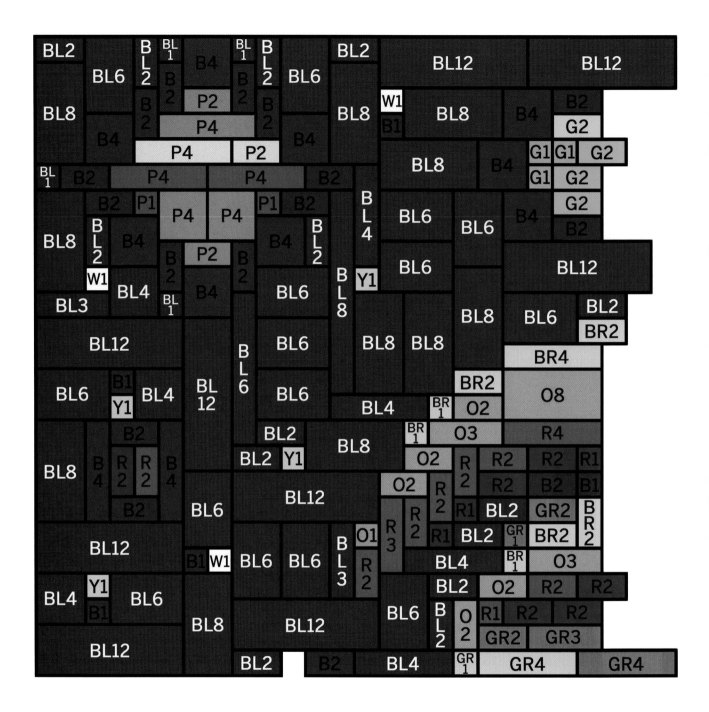

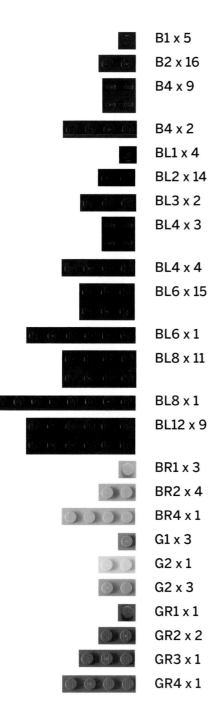

B1 x 5

B2 x 16

B4 x 9

B4 x 2

BL1 x 4

BL2 x 14

BL3 x 2

BL4 x 3

BL4 x 4

BL6 x 15

BL6 x 1

BL8 x 11

BL8 x 1

BL12 x 9

BR1 x 3

BR2 x 4

BR4 x 1

G1 x 3

G2 x 1

G2 x 3

GR1 x 1

GR2 x 2

GR3 x 1

GR4 x 1

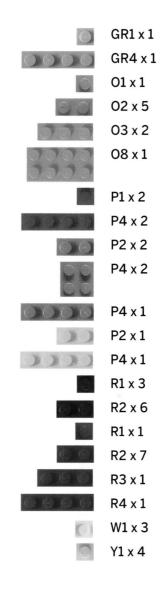

GR1 x 1

GR4 x 1

O1 x 1

O2 x 5

O3 x 2

O8 x 1

P1 x 2

P4 x 2

P2 x 2

P4 x 2

P4 x 1

P2 x 1

P4 x 1

R1 x 3

R2 x 6

R1 x 1

R2 x 7

R3 x 1

R4 x 1

W1 x 3

Y1 x 4

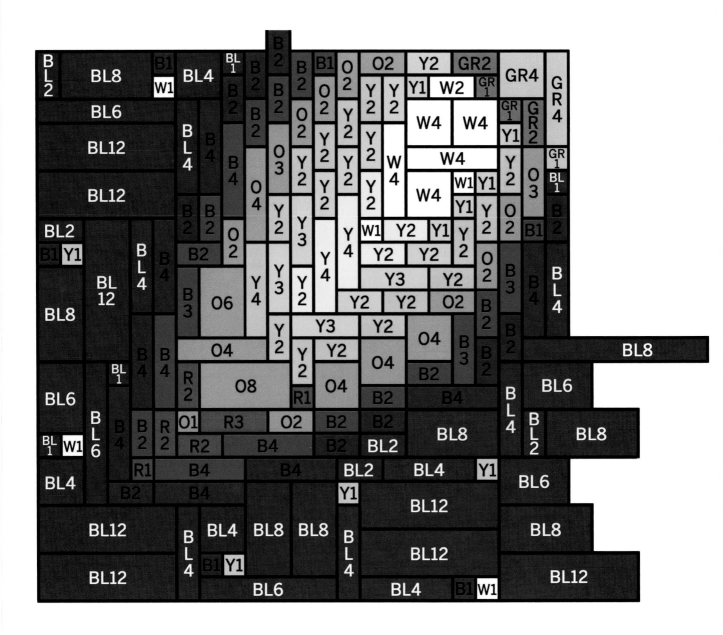

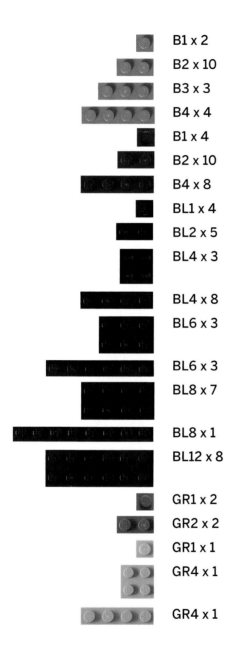

B1 x 2
B2 x 10
B3 x 3
B4 x 4
B1 x 4
B2 x 10
B4 x 8
BL1 x 4
BL2 x 5
BL4 x 3
BL4 x 8
BL6 x 3
BL6 x 3
BL8 x 7
BL8 x 1
BL12 x 8
GR1 x 2
GR2 x 2
GR1 x 1
GR4 x 1
GR4 x 1

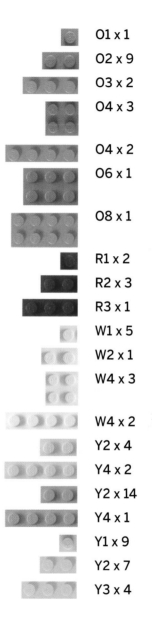

O1 x 1
O2 x 9
O3 x 2
O4 x 3
O4 x 2
O6 x 1
O8 x 1
R1 x 2
R2 x 3
R3 x 1
W1 x 5
W2 x 1
W4 x 3
W4 x 2
Y2 x 4
Y4 x 2
Y2 x 14
Y4 x 1
Y1 x 9
Y2 x 7
Y3 x 4

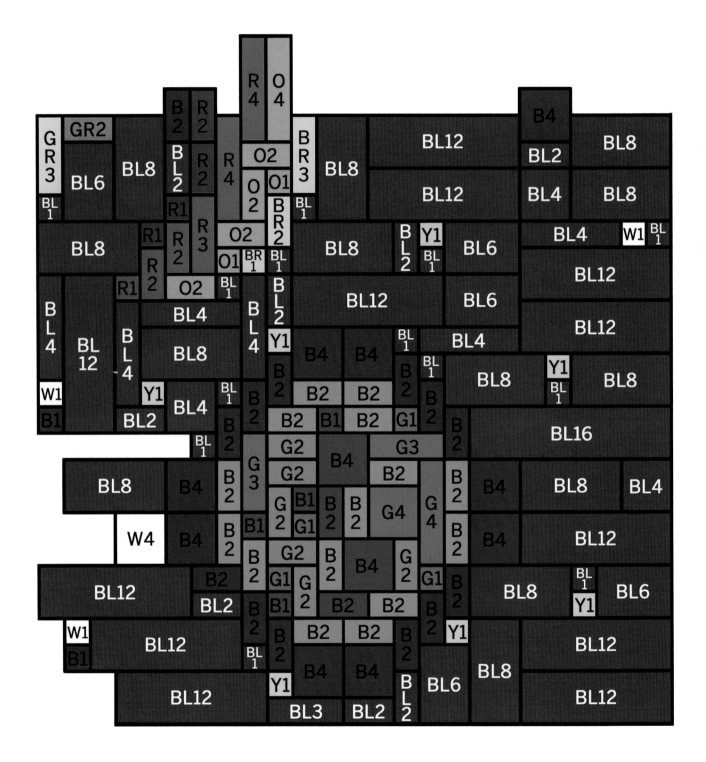

BRICKS NEEDED FOR SECTION 4

B1 x 4

B2 x 2

B4 x 2

B2 x 15

B1 x 2

B2 x 13

B4 x 9

BL1 x 13

BL2 x 8

BL3 x 1

BL4 x 3

BL4 x 6

BL6 x 5

BL8 x 13

BL12 x 12

BL16 x 1

BR1 x 1

BR2 x 1

BR3 x 1

G2 x 6

G1 x 4

G3 x 2

G4 x 1

G4 x 1

GR2 x 1

GR3 x 1

O1 x 2

O2 x 4

O4 x 1

R1 x 2

R2 x 2

R1 x 1

R2 x 2

R3 x 1

R4 x 2

W1 x 3

W4 x 1

Y1 x 7

TIGER

FRIENDLY OR FEROCIOUS? Tigers can be fierce and super-fast, capable of sprinting at a top speed of 40 miles per hour! Luckily, this feline is here to play. There is a lot of detail and all sorts of colors that make up this tiger's coat, so find all the bricks you'll need before you get roaring. Refer back to this page when you need to see the big picture. Make this tiger pop with color!

SECTIONS

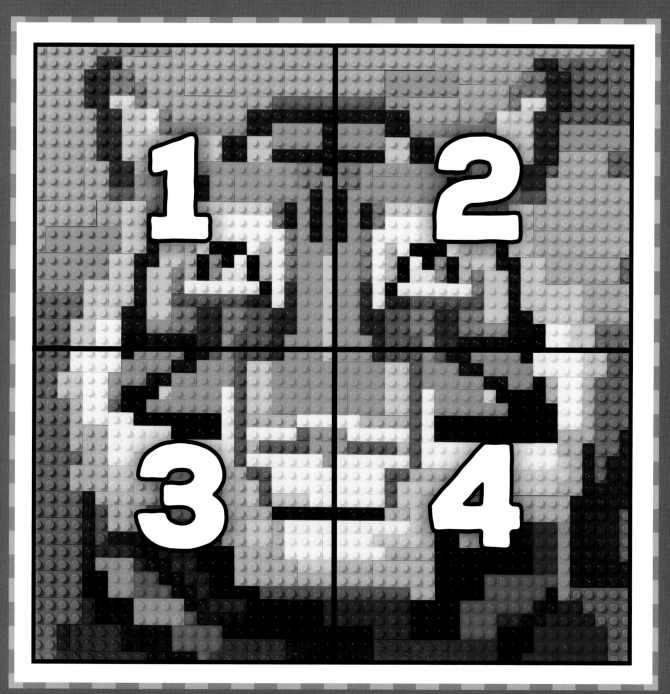

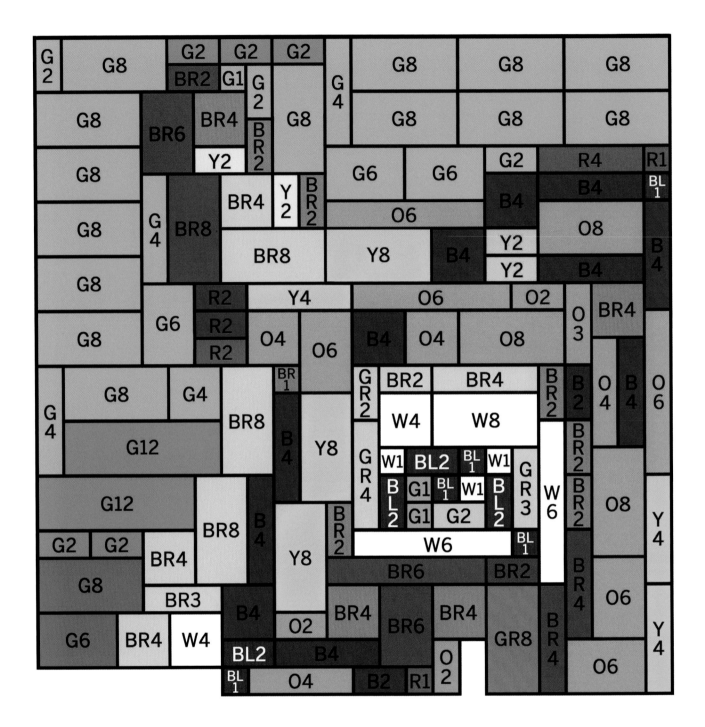

B2 x 2

B4 x 4

B4 x 7

BL1 x 5

BL2 x 4

BR2 x 1

BR3 x 1

BR4 x 3

BR4 x 1

BR8 x 3

BR1 x 1

BR2 x 6

BR4 x 4

BR6 x 1

BR2 x 2

BR4 x 2

BR6 x 2

BR8 x 1

G2 x 5

G12 x 2

G6 x 1

G8 x 1

G1 x 2

G2 x 1

G1 x 1

G2 x 3

G4 x 1

G4 x 3

G6 x 3

G8 x 14

GR8 x 1

GR2 x 1

GR3 x 1

GR4 x 1

O2 x 3

O3 x 1

O4 x 2

O4 x 2

O6 x 3

O6 x 3

O8 x 3

R2 x 2

R1 x 2

R2 x 1

R4 x 1

W1 x 3

W4 x 2

W6 x 2

W8 x 1

Y2 x 2

Y2 x 2

Y4 x 3

Y8 x 3

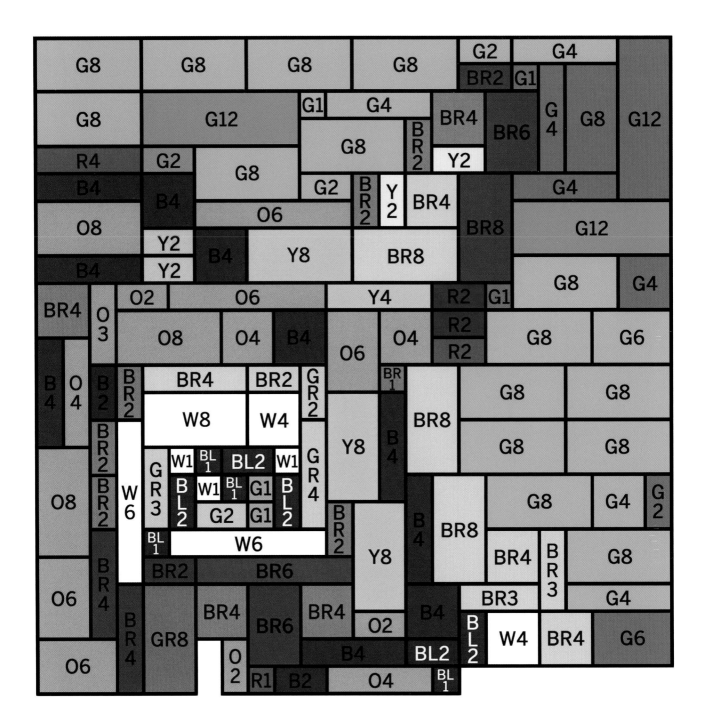

TIGER: SECTION 2

144

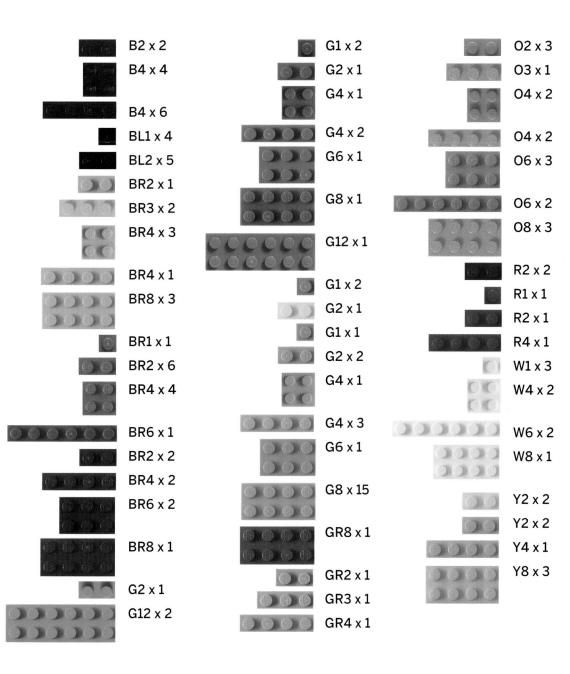

B2 x 2
B4 x 4
B4 x 6
BL1 x 4
BL2 x 5
BR2 x 1
BR3 x 2
BR4 x 3
BR4 x 1
BR8 x 3
BR1 x 1
BR2 x 6
BR4 x 4
BR6 x 1
BR2 x 2
BR4 x 2
BR6 x 2
BR8 x 1
G2 x 1
G12 x 2

G1 x 2
G2 x 1
G4 x 1
G4 x 2
G6 x 1
G8 x 1
G12 x 1
G1 x 2
G2 x 1
G1 x 1
G2 x 2
G4 x 1
G4 x 3
G6 x 1
G8 x 15
GR8 x 1
GR2 x 1
GR3 x 1
GR4 x 1

O2 x 3
O3 x 1
O4 x 2
O4 x 2
O6 x 3
O6 x 2
O8 x 3
R2 x 2
R1 x 1
R2 x 1
R4 x 1
W1 x 3
W4 x 2
W6 x 2
W8 x 1
Y2 x 2
Y2 x 2
Y4 x 1
Y8 x 3

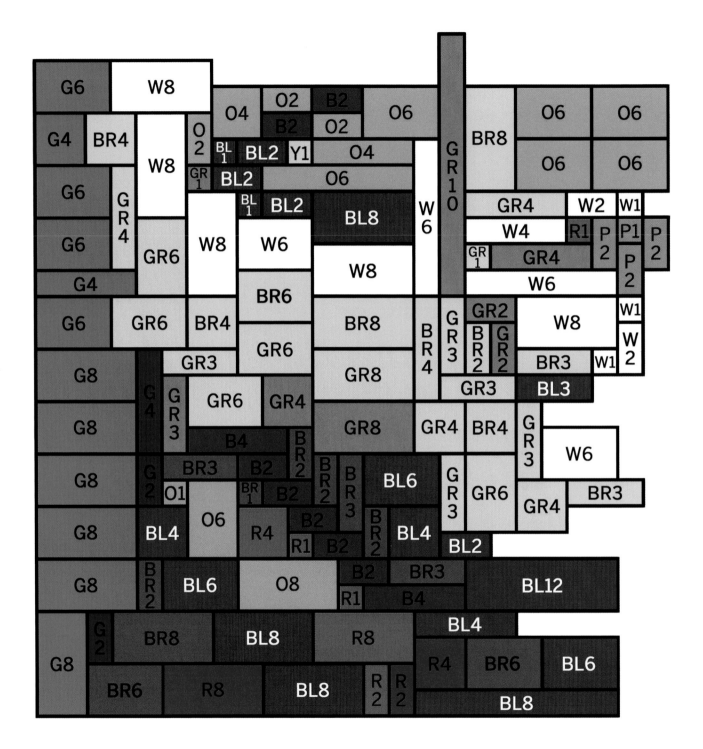

BRICKS NEEDED FOR SECTION 3

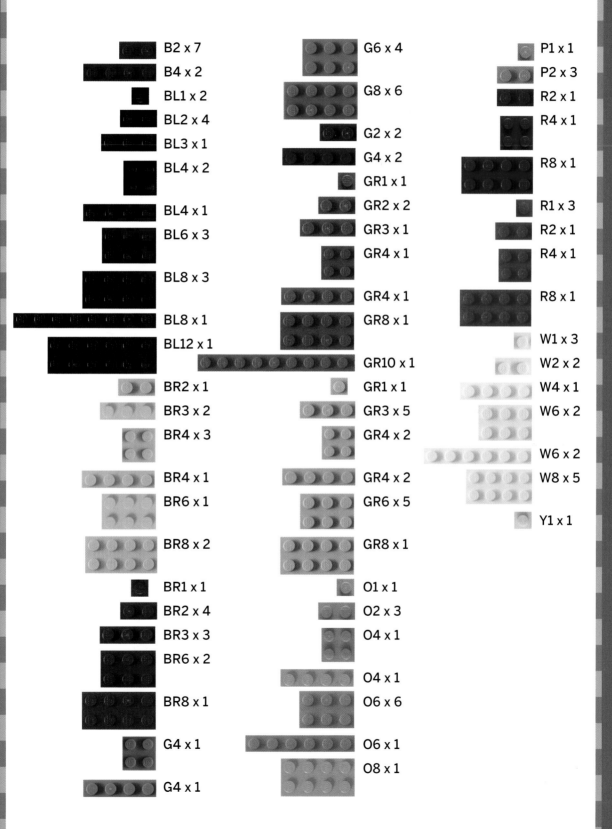

B2 x 7
B4 x 2
BL1 x 2
BL2 x 4
BL3 x 1
BL4 x 2
BL4 x 1
BL6 x 3
BL8 x 3
BL8 x 1
BL12 x 1
BR2 x 1
BR3 x 2
BR4 x 3
BR4 x 1
BR6 x 1
BR8 x 2
BR1 x 1
BR2 x 4
BR3 x 3
BR6 x 2
BR8 x 1
G4 x 1
G4 x 1

G6 x 4
G8 x 6
G2 x 2
G4 x 2
GR1 x 1
GR2 x 2
GR3 x 1
GR4 x 1
GR4 x 1
GR8 x 1
GR10 x 1
GR1 x 1
GR3 x 5
GR4 x 2
GR4 x 2
GR6 x 5
GR8 x 1
O1 x 1
O2 x 3
O4 x 1
O4 x 1
O6 x 6
O6 x 1
O8 x 1

P1 x 1
P2 x 3
R2 x 1
R4 x 1
R8 x 1
R1 x 3
R2 x 1
R4 x 1
R8 x 1
W1 x 3
W2 x 2
W4 x 1
W6 x 2
W6 x 2
W8 x 5
Y1 x 1

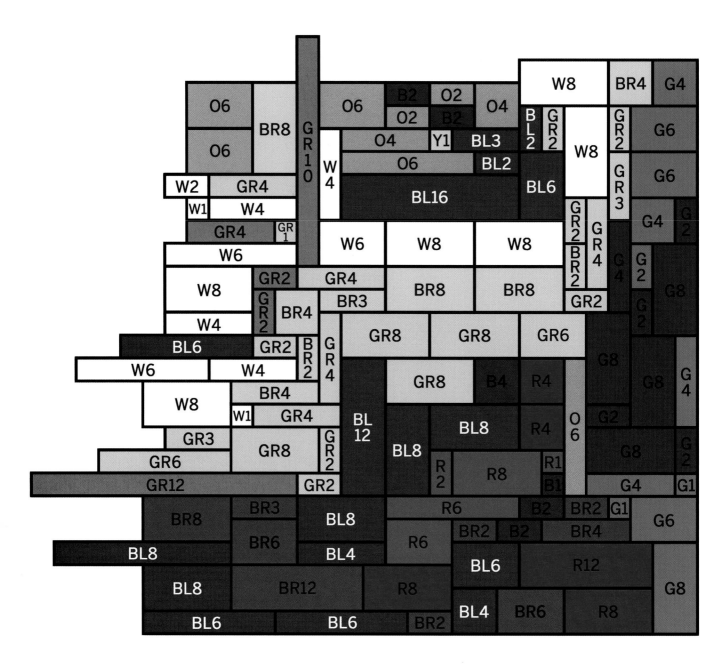

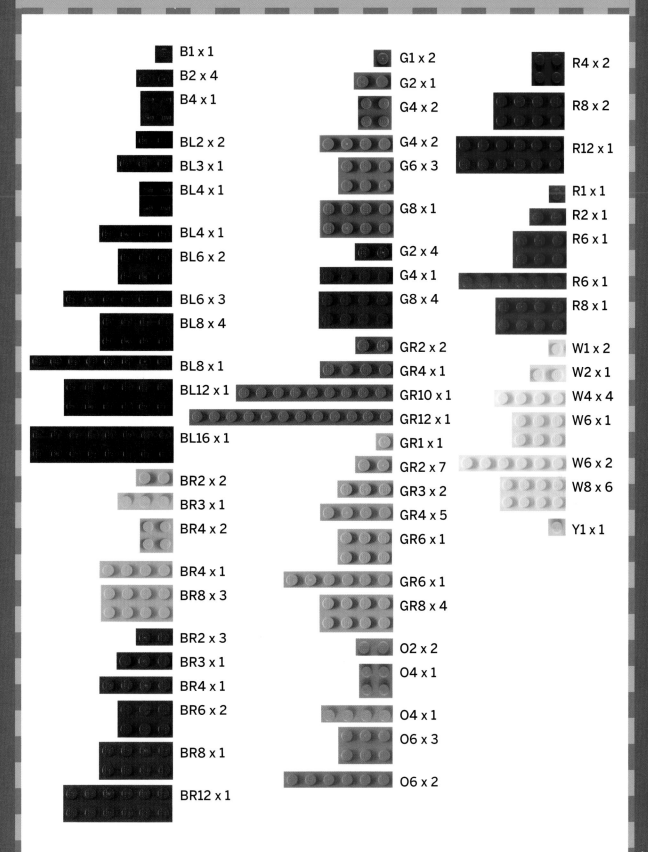

B1 x 1
B2 x 4
B4 x 1
BL2 x 2
BL3 x 1
BL4 x 1
BL4 x 1
BL6 x 2
BL6 x 3
BL8 x 4
BL8 x 1
BL12 x 1
BL16 x 1
BR2 x 2
BR3 x 1
BR4 x 2
BR4 x 1
BR8 x 3
BR2 x 3
BR3 x 1
BR4 x 1
BR6 x 2
BR8 x 1
BR12 x 1

G1 x 2
G2 x 1
G4 x 2
G4 x 2
G6 x 3
G8 x 1
G2 x 4
G4 x 1
G8 x 4
GR2 x 2
GR4 x 1
GR10 x 1
GR12 x 1
GR1 x 1
GR2 x 7
GR3 x 2
GR4 x 5
GR6 x 1
GR6 x 1
GR8 x 4
O2 x 2
O4 x 1
O4 x 1
O6 x 3
O6 x 2

R4 x 2
R8 x 2
R12 x 1
R1 x 1
R2 x 1
R6 x 1
R6 x 1
R8 x 1
W1 x 2
W2 x 1
W4 x 4
W6 x 1
W6 x 2
W8 x 6
Y1 x 1

TOUCAN

GO ON A JUNGLE GETAWAY and make friends with a toucan! These birds can be found in the hollow holes of trees in Central and South America. While their beaks are large and impressive, they don't use them to make their homes. They usually find holes made by other birds, like woodpeckers. For each grid, work your way out from the outer corner, paying close attention to the smaller details like blues and blacks. Set yourself up on your perch as you watch this cool bird take flight.

SECTIONS

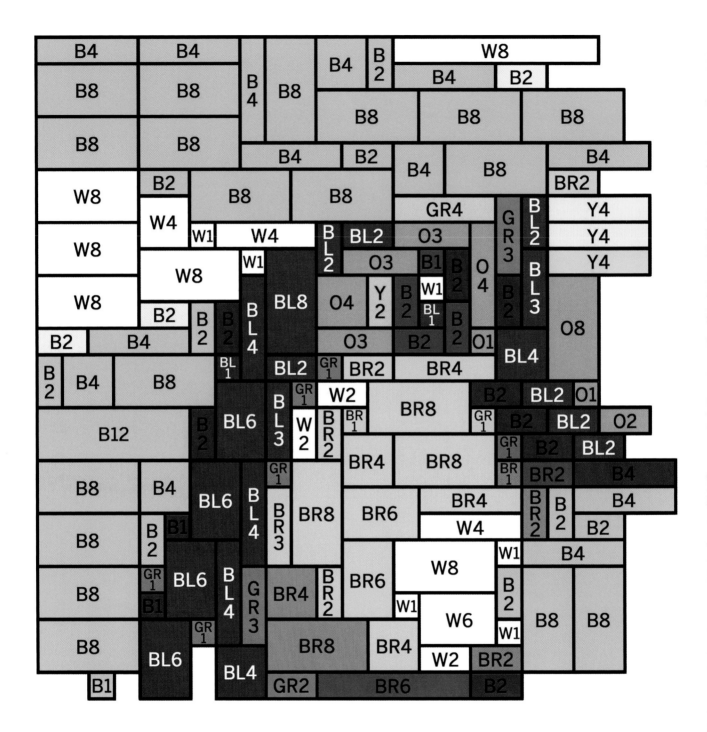

B1 x 1

B2 x 3

B1 x 1

B2 x 9

B4 x 4

B4 x 9

B8 x 18

B12 x 1

B2 x 3

B1 x 2

B2 x 8

B4 x 1

BL1 x 2

BL2 x 7

BL3 x 2

BL4 x 2

BL4 x 3

BL6 x 4

BL8 x 1

BR1 x 1

BR2 x 4

BR3 x 1

BR4 x 2

BR4 x 2

BR6 x 2

BR8 x 3

BR1 x 1

BR2 x 2

BR2 x 1

BR6 x 1

BR4 x 1

BR8 x 1

GR1 x 6

GR2 x 1

GR3 x 2

GR1 x 1

GR4 x 1

O1 x 2

O2 x 1

O3 x 3

O4 x 1

O4 x 1

O8 x 1

W1 x 6

W2 x 3

W4 x 1

W4 x 2

W6 x 1

W8 x 5

W8 x 1

Y4 x 2

Y2 x 1

Y4 x 1

TOUCAN: SECTION 2

154

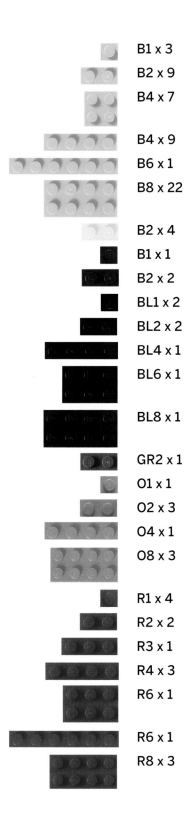

B1 x 3

B2 x 9

B4 x 7

B4 x 9

B6 x 1

B8 x 22

B2 x 4

B1 x 1

B2 x 2

BL1 x 2

BL2 x 2

BL4 x 1

BL6 x 1

BL8 x 1

GR2 x 1

O1 x 1

O2 x 3

O4 x 1

O8 x 3

R1 x 4

R2 x 2

R3 x 1

R4 x 3

R6 x 1

R6 x 1

R8 x 3

R1 x 3

R2 x 4

R4 x 2

W1 x 2

W4 x 1

W4 x 3

W6 x 1

W6 x 3

W8 x 10

Y2 x 1

Y2 x 1

Y4 x 1

Y8 x 4

Y4 x 1

Y8 x 3

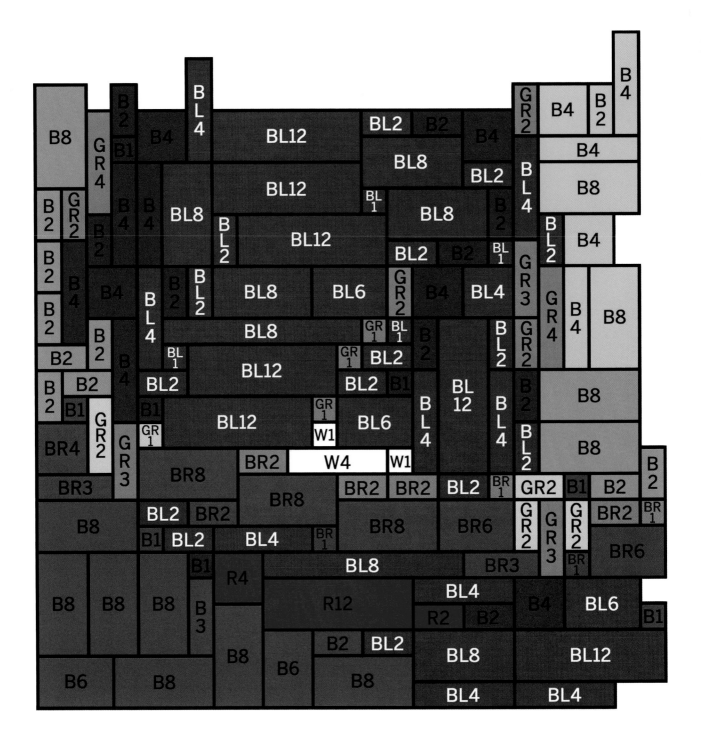

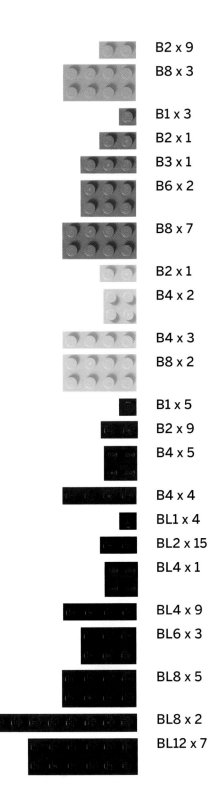

B2 x 9

B8 x 3

B1 x 3

B2 x 1

B3 x 1

B6 x 2

B8 x 7

B2 x 1

B4 x 2

B4 x 3

B8 x 2

B1 x 5

B2 x 9

B4 x 5

B4 x 4

BL1 x 4

BL2 x 15

BL4 x 1

BL4 x 9

BL6 x 3

BL8 x 5

BL8 x 2

BL12 x 7

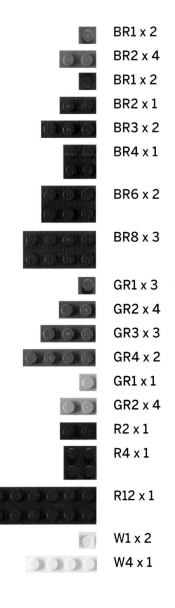

BR1 x 2

BR2 x 4

BR1 x 2

BR2 x 1

BR3 x 2

BR4 x 1

BR6 x 2

BR8 x 3

GR1 x 3

GR2 x 4

GR3 x 3

GR4 x 2

GR1 x 1

GR2 x 4

R2 x 1

R4 x 1

R12 x 1

W1 x 2

W4 x 1

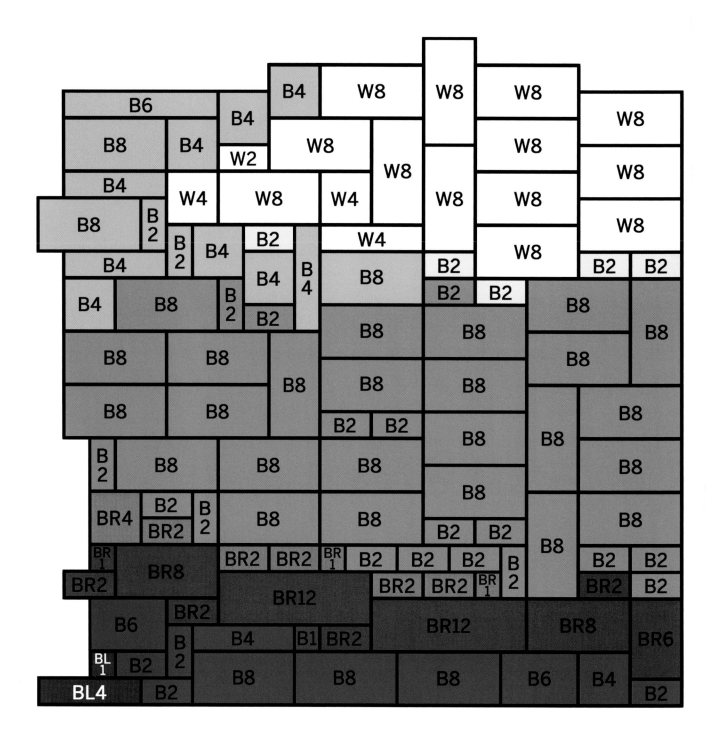

TOUCAN: SECTION 4

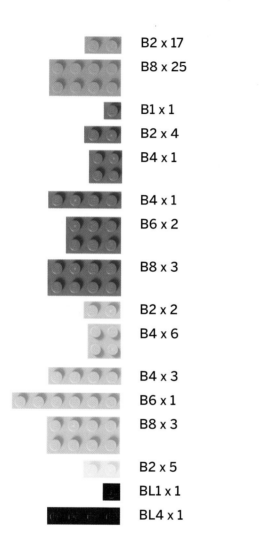

B2 x 17

B8 x 25

B1 x 1

B2 x 4

B4 x 1

B4 x 1

B6 x 2

B8 x 3

B2 x 2

B4 x 6

B4 x 3

B6 x 1

B8 x 3

B2 x 5

BL1 x 1

BL4 x 1

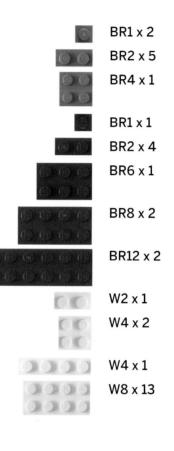

BR1 x 2

BR2 x 5

BR4 x 1

BR1 x 1

BR2 x 4

BR6 x 1

BR8 x 2

BR12 x 2

W2 x 1

W4 x 2

W4 x 1

W8 x 13